増補・改訂版

島根の逆襲

古代と未来をむすぶ「隠れ未来里」構想

出川卓＋出川通

言視舎

はじめに――本書の構成

本書を手に取られた方にはいくつかの発見をしていただくことを期待しています。それはこの本が単なる観光案内、紹介ではなく、謎解きと未来予測の本であることによります。

増補改訂版『島根の逆襲』の全体をまずは紹介します。序章として**島根県のおかれている困った事実**を正直に三重苦として示していきます。そんなことはわかっているという方は、飛ばして本文から入ってください。その本文ですが、1章では日本列島のなかでの客観的な地理と歴史位置を認識してみます。そこでは島根は意外とローカルでグローバル、未来の可能性の大きさについても述べてあります。

2章、3章、4章、5章は島根の**逆襲ポイントを発掘**していきます。2章においては**神話と歴史遺産**というパワースポット、3章においては**古代資源と産業技術遺産**、4章においては、**島根の温泉と日本酒、人物**について新しく追加しました。最後の5章においては**長寿命のコミュニティ**としての逆襲となります。逆襲と書きましたが、まとめでは俯瞰した目で島根全体を見直すことで、島根には単なる隠遁の隠れ里ではない、**未来の可能性がいっぱい詰まっている未来里**であることを示したいと思います。

ひらたくいうと、本書には島根を楽しみ、愉しむネタがあふれており、そのために神話時代から現代、未来へつながるようなお話を満載しており、時空間を超えて楽しんでいただけると思います。

本書の想定読者としては、まずは島根県在住の方、つぎに島根出身で現在離れている方、そして、島根に少しでも関心をお持ちの日本全国の方ということになります。

蛇足ですが執筆した二人は故郷をつかず離れずで40年以上、少しグローバルな元技術者の兄弟です。島根に住んでいる人、これから訪れる方々に参考になるように（また自分たちの楽しみのためにも）、ここ数年でほとんどの場所を自前で訪問した結果です。なお、本書は平成24年に上梓した初版『島根の逆襲』の増補改訂版として全面的に記載内容を見直すとともに、4章の自然と人々のところを新たに追加してあります。新しい視点と同時に独断と偏見による記述もあるでしょうが、ある程度は許容のほどをお願いいたします。

それでは逆襲という言葉を借りて、島根の豊かな未来の可能性を検討してみましょう。

目次

5章　長寿命を誇る人類最先端の未来里へ：島根の逆襲ポイント3

※本書の写真はすべて撮影著者

島根県

鳥取県
島根県
岡山県
広島県
山口県

プロローグ：島根はどこにあるか？
行方不明と三重苦

日本地図と世界地図における島根県の位置はどこでしょう？　これを正確に言える（示す）ことができる人は、島根に地縁、血縁がある人か、地理によほど詳しく、歴史と神話ものに興味がある人に限られていたようです。しかし、島根の位置はわからなくても、最近話題となってきた「出雲大社」や「石見銀山」、「隠岐の島」については、名前を聞いたことがある人は多くなってきました。

この地方は、かつては日本海を挟んで大陸に通ずる表玄関に位置していました。しかし、わが国の古代以降、太平洋側が目覚ましい発展を遂げたのに対し、いつのまにかこの地方は「裏日本」に組み込まれ、完全に取り残されたといってよいでしょう。特に昭和の第二次大戦後の高度経済成長時代を経ると、都市の労働力の供給地として若者が流出し、人口は減少、高齢化が進みました。さらにイメージ的に「裏」「陰」「暗い」と言われ、わが国の代表的な過疎地域のひとつとなるに至ったのです。

日本の本州のなかでも新幹線の駅がまったく存在せず、高速道路もやっと建設途上となると、関西方面の人はともかく、中部や関東以北の多くの人にとっては島根県のことはよくわからないのが一般的と予想されます。

そんな島根のもつ三重苦の現状を中心にざっくばらんに、おさらいしてみましょう。

(1) イメージが暗い、裏日本、山陰という名称

一般に島根は「山陰(さんいん)」と呼ばれる地方に入ります。「山陰地方」は、中国山地の北斜面側をさしており、狭義では鳥取・島根県を、広義では京都府や兵庫・山口県の日本海側を含んでいます。

「山陰」の地域名称は、なんと701年の「大宝律令」で定められた古代律令時代の「山陰道」に因んでいるそうです。この「陰」は、文字通り「かげ」であり、「裏」「かげ」「暗い」というイメージがつきまとうのは否めません。熟語としても、陰気、陰湿、陰鬱、陰惨、陰険、陰謀……など、マイナス・イメージにつながりやすいことになりますよね。

いつしか、太平洋側が「表日本」と呼ばれるようになり、日本海側は「裏日本」と呼ばれるようになったので、暗いイメージに追い打ちがかけられました。

ちなみに筆者が高校生か中学生のころ(50年以上前)、この名前を変えようとした運動がおこっ

たことがあります。地元の新聞社などがキャンペーンを張って、「山陰」を「北陽」に変えようという主旨であったと記憶します。地元では少々盛り上がりましたが、いつの間にかその動きは尻つぼみになり、やがて山陰に戻ってしまいました。

また、島根のなかの出雲（いずも）という地名は雲が多くて暗そうで、石見（いわみ）は石がごろごろしていそう、隠岐（おき）は隠れているさびしい島のようですよね。

しかし、このイメージははっきり言って間違いです。

島根の夏の天気のよさは天下一品です。ちょうど同じような気候を持つところを世界視野でみると、住み心地の良いことで有名なロンドン、バンクーバー、シアトルなどと重なります。筆者の一人もカナダのバンクーバーに2年間住んだことがありますが、かの地は「暮らしやすい」という言葉に反して、冬の厳しさは島根、山陰の比ではないのです。あちらは冬の日照時間は短く午後3時ごろには暗くなる、一度曇ると4、5日太陽をみないこともざらです。それにくらべると、日本の山陰は数日以内にかならず太陽が出るといえます。

このように島根地方について、そのイメージと実際の住み心地との間には、大きな落差が生じているのです。このことを気候について、もう少しみておきましょう。

▼「冬は裏日本気候で傘は忘れるな」というデータは本当か？

「山陰は天気が悪い」「弁当忘れても傘忘れるな」と言われますが、その実情はどうでしょうか。

天候に関する緯度、日照時間、降水量などのデータを少し検証してみましょう。

まず、「太陽光の強さ」は緯度により決まりますが、松江市の緯度は35度27分で、東京の35度41分よりわずかに南です。同じ35度台ということでは東京以外にも、横浜、名古屋、京都があり、いわゆる「北方のイメージ」とはかけ離れているのです。

次に島根は曇りや雨の日が多く、晴れ間が少ないというイメージがあります。「年間日照時間」を見ると、年間計では、松江は京都と並び1700時間台というデータがあります。さすがに年間の日照時間が2000時間を超える瀬戸内の岡山、広島には及びませんが、なかなかのものです。とくに4月から9月の間の夏場6カ月の日照時間は、松江は那覇、岡山などとならんでトップグループであり、鹿児島、仙台、京都、東京を大きく上回っています。しかし11月~3月の冬季の日照時間は、東京に比べて松江はかなり少なく、いわゆる裏日本気候の特徴があらわれます。

次に「年間降水量」で見ると、最も多い地域は金沢、鹿児島、那覇などで年間2000㎜を越えますが、松江、佐賀が1800㎜台、新潟、秋田が1700㎜台と続きます。山陰地方の降水量が突出して多いわけではないのです。

このように、山陰地方の天候は、突出して悪いわけではないのですが、やはり問題もあります。それが冬季の天候の悪さの不安定性です。これが、「山陰はいつもどんよりとした曇り空」の印象を抱かせることになります。冬季は日光が差していたと思うと、にわかに雨が降りだして、しばらくするとまた青空がのぞくというように、天気が変わりやすいのです。この季節はとにかく雨か雪の降る日が多いことを示しています。

筆者の一人は岡山に10年間住んだことがありますが、瀬戸内海地方はわが国有数の晴天日数が多い地域で、天候は安定しており、降水量が少ないことにびっくりしたものです。でも、瀬戸内海地方だけと比較するのは、いくらなんでもフェアではありませんよね。

この結果、「山陰はいつも雨が降っている」「山陰はいつも天気が悪い」となっているようです。しかし、住んでいる人にとっては、人口集中がない、土地の値段が上がらないという面で、実は住みやすいところであるとも考えられるのですが……これは贔屓しすぎでしょうか?

(2) 産業がなく、おまけに交通も不便

島根の産業のイメージを、皆さんはどのように抱いていることでしょう。島根県は一般的に人口、産業の集積度の低さ、前述したように新幹線等の交通基盤の遅れ、中山間地域の多さなどから「後進県」というイメージを持たれており、その指摘は当たっているといってもいいでしょう。

県内総生産額は、年によって若干変化するものの全国での順位は最下位の常連(!)です。一人当たり県民所得、県内事業所数もかなり少なく、産業構造の高度化が遅れ、第一次産業就業者率も高くなっています。

さらなる問題は、このところの10年間で事業所数が約3割、従業者数は約2割が減少しており、

産業の活性化に逆行していることです。

業種別動向としての島根県の特徴は、資源立地型の食料品、木材、労働集約型の衣服、公共工事や官公需要が多い窯業・土石（生コンクリート関連業が半数）、金属製品（鉄骨製缶が主）の事業所数が相対的に多く偏っている点などが挙げられます。

▼島根は全国比最下位の生産力だが、生活は豊か？

実際の産業データから島根を取り巻く社会情勢や生産額の一例をあげてみます。まずは工業分野の全国に占める位置をみると、少し古いデータですが平成25年統計では県内製造業（4人以上）の事業所数は1264カ所、従業者数は3万9000人、製造品出荷額等は1兆円と、いずれも全国の0・3％程度のシェアにすぎません。1従業者当たりの出荷額は、全国平均の6割5分と低くなっています。

県民1人当たりの地方交付税額が高く、中央への依存度が高いのですが、県民1人当たり地方財政歳出額は、全国平均に対して大きく、「地方行政の財政力が弱い上に、金使いが荒い」と揶揄されています。それにもかかわらず基盤整備の面では大きく遅れており、高速道路などの整備率は全国の半分にも及ばないといわれ、新幹線については計画さえも怪しい状態といってよいでしょう。このように産業経済面では最下位クラスです。

しかし「生活の豊かさ」の面では、島根は「国民生活指標」でみてもむしろ上位グループに属しています。イメージとはかけ離れた、暮らしやすい「豊かな地域」の実態はなぜなのでしょうか。

（3）高齢化がすすんでいる日本一の高齢者県

県民の平均年齢と65歳以上の高齢人口比率をみると、２０１４年現在47都道府県中では№３ですが、２００９年以前は№１でした。この結果出生率は低く、死亡率も高い高齢化の「三冠王」といってもよいのです。

高齢化、人口の減少により何が問題になるのでしょうか。結果として地域のコミュニティが崩れ、その存続が難しくなり、消滅してゆく地域、撤退する地域などが虫食い状態になる、と一般的にはいわれています。島根においては、今後も少子化のなかで高齢化は一層加速し、限界集落とよばれる集落はますます増えます。そこでは森林や田畑が荒れていくだけでなく、保水機能が低下し、水害などが起きやすくなることが予想されます。

集落が消滅し、地元に住んでいない地権者が雑木林そのものを無造作にチップ業者に売り、業者は木を伐採し、あとは知らないとなります。すると禿山が広がり、土石流などに繋がるという恐ろしいパターンですが、これも高齢化の一つの現象です。

▼島根の高齢化データ――東京と比べると

平成28年版高齢社会白書から、島根と東京の高齢化率（65歳以上の人口比率）の実情をデータでみましょう。２０１４年の島根は31・８％、東京は22・５％、２０４０年には島根は39・１％、東京は33・５％と推定されています。ちなみに、２００９年の島根県は、全国47都道府県で最下位でした。日本で一番ということはある意味で世界で一番ということで、島根県として色々な世界最先端のとり組みをしています。

35年間（１９７５年から２００９年まで）守ってきた（？）首位を、秋田県に明け渡した後、日本の各県がすこしずつ〝島根化〟しつつあります（２０１４年島根県は31・８％、秋田県は32・６％、高知県32・２％に次いで3位です）。

ちなみに19戸以下で、65歳以上の高齢者住民が50％以上の集落を「限界集落」、さらに9戸以下で高齢化率70％の集落を「危機的集落」と呼ぶそうです。

もちろん県では、このような状態への対応として、各種の施策を行なっています。たとえば里山プランナーなる人を任命し、過疎・高齢化集落の活性化を支援しています。これらは、一定の効果を上げていますが、限界集落となっていく地域の速度は速く、数も多くなかなか難しい面も多いのです。

（4）さらなる重荷——3つの異質の国の集合体?!

島根県とその地域は、産業の発展が遅れ、地方行政の財政力が弱く、若者が流出し、人口が減少、高齢化の進捗が著しい、という「過疎」の典型的な現象を示していることは認めざるを得ない状況です。とくに中山間では、村落の人口の減少が所帯の消滅へ、所帯の消滅が集落の崩壊の危機へと進み、過疎最終局面を見せているところも少なくなく、それが地域全体に重くのしかかり、暗い影を落としているといえます。

さらにいうと、島根は異質に見える3つの地域（昔の国）からなっているというおまけもついています。これは島根県だけの問題ではありませんが、1871（明治4）年の廃藩置県における県の成立経緯だけでも、隠岐は鳥取県（隠岐は後に島根県）、出雲は島根県、石見は浜田県を経て島根県となったという複雑さもあるのです。

この島根の中の3つの古い国々は、言葉、文化、気質、天候が大きく違っています。その結果、同じ県民であっても、別の地域のことにも無関心だったりすることも多いのです。……これは地元にとって大変な課題の一つで、こんな県に将来の望みはあるのでしょうか？　そこがこの本のメインテーマでもあります。

1章　豊かで個性的な島根

――日本列島の根っこはローカル・グローバルで構成された隠れ里

日本地図と世界地図における島根県の位置と名前の由来はなんでしょう？　日本列島のなかでの客観的な地理と歴史的位置を認識してみます。そこでは意外とローカルでグローバル、未来の可能性もありそうだということがわかってきます。

1―1　ローカルでグローバルな島根の位置

世界のなかの島根の位置（地理）について、まずはマクロな視点から述べてみましょう。そこでは日本と世界の位置、さらに環日本海としての中国大陸と朝鮮半島と日本列島の位置関係がポイントです。

島根はローカルであることは、わかりやすいのですが、島根は見方によっては大変グローバルな

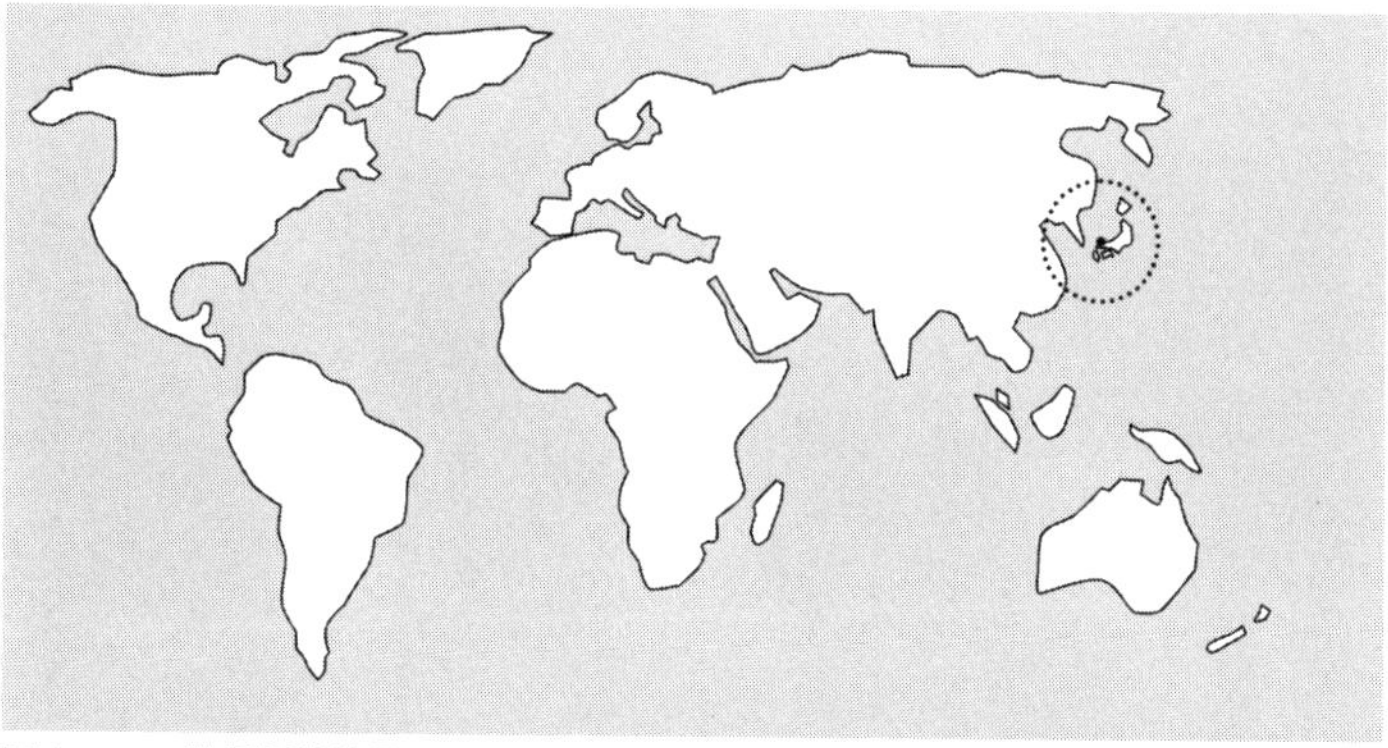

図１—１　世界標準地図のなかの日本・島根の位置（日本、島根の位置をマークしています）

点がいくつもあるのです。世界地図からのグローバルな視点というのは、必ずしも一つだけではないので、そこを見ていくことにします。ここでの「グローバル」という意味ですが、「日本以外の国との各種人種、風土、文化、技術などの融合」とします。

(1) 日本（島根）は世界からみてローカル？

島根を語るまえに、世界地図から日本の位置をみてみましょう。欧州中心からみると、まさにファーイースト（極東）の位置であり、日本は大陸を囲んでいる端っこの列島国の位置となっています。島根はその中でも、大陸に近い点としか見えていません。これはまさにローカル中のローカルといえましょう。

(2) 日本海を中心に南北をひっくりかえすと見えるもの

東アジアで環日本海を中心に日本列島の南北をひっくり返してみると、日本の各県の相対位置は変わってきて、日本海

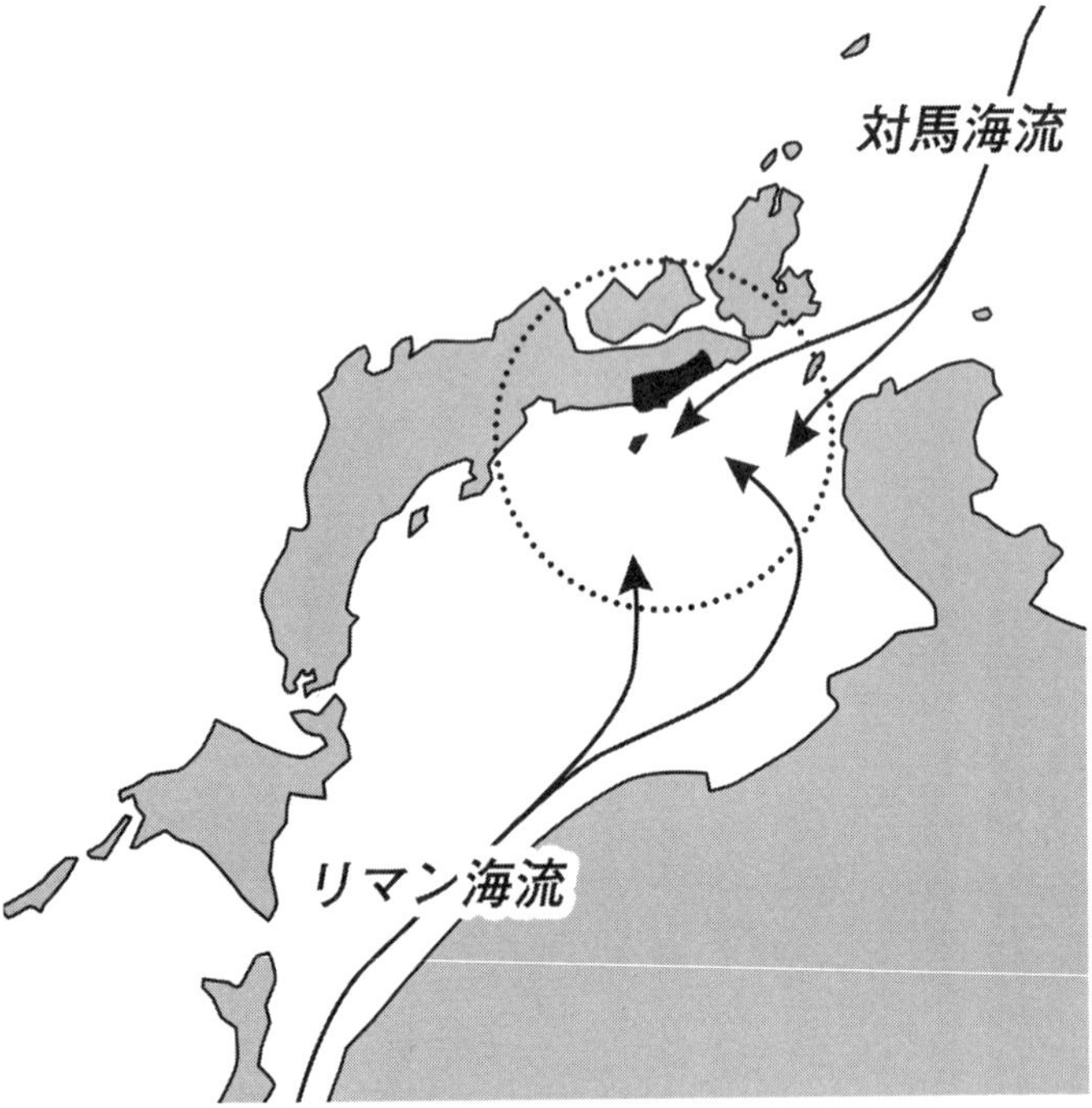

図1―2　環日本海と東アジアと島根の位置、海流

側がゲート（入口）県となることがわかります。日本列島を囲む海は隔絶と交通の二面性をもつのですが、さらに海流の主な流れを本図に加えてみました。

大陸との往来の観点では、島根は交通の面での絶好の位置にあることがみえてきます。産業革命前（18世紀の蒸気機関の発明前）の関係を実感してもらえれば幸いです。

各種海流を併せてみると対馬海流とリマン海流、この2大海流が島根の土地を発展させ、グローバルにした原動力だとわかります。この海流に乗る移動方法を考えると、中国と朝鮮半島、ロシアからは、日本は島々が集まった資源豊富な列島、避難地、目的地となります。その有力な入り口であり目的地が島根（出雲、石見、隠岐の島）の位置といってよいでしょう。

（3）日本のなかから見た島根県

つぎに日本のなかの島根の位置をみていきましょう。産業革命以前の交通手段は、海では船（帆船）、陸では徒歩、馬ということになります。日本の地形と距離を考えると、山越えでの陸路はきついのです。日本列島全体と海という俯瞰視点をもつと、島根は日本海の交通網（江戸時代は北前船）の拠点だったことがわかります。

今は本州のメインストリートから外れ、新幹線も通らず、高速道路も断片的な場所となっていますが、それをひがむのはやめましょう。逆にいうと、東欧地区のように、昔は栄華を極めたが、開発が進まなかったために、昔のいろいろなものが残っている地域であるともいえるのです。

1―2 「島根」と出雲、石見、隠岐の名前

島根の名前の由来にはいくつかの説があります。有力なのは廃藩置県のときに松江藩が島根郡にあったところから、県名をつける際に単純に島根県と称したといわれるものです。

その元の島根（嶋根）郡とは「出雲国風土記」のなかに「嶋根となづくる所以（ゆゑ）は国引

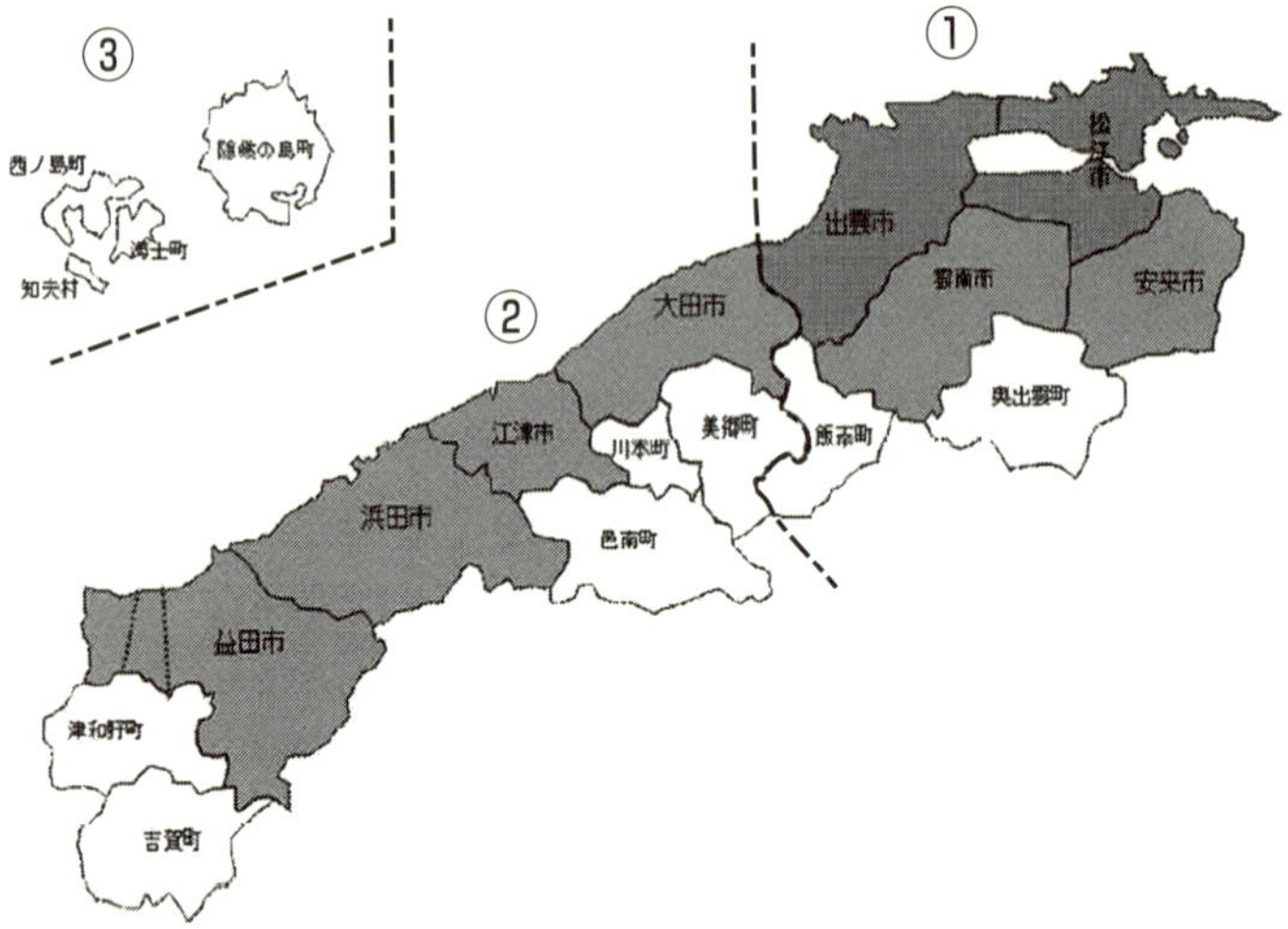

図１―３　島根県の地図（３つの地域（古い国）を示しているもの）
①出雲地域　松江市・出雲市、安来市・雲南市　他
②石見地域　浜田市・益田市・大田市・江津市　他
③隠岐地域　隠岐の島町、海士町、西の島町、知夫村　他

き坐（ま）しし……」と出てきます。意味するところは、「島」は地図上の島であることと祭祀の行なわれる地域を指し、「根」は根源を意味するようで、島根は神霊の聖地ということになります。だんだん神話の国らしくなってきますね。

　このほかに地形からくる説もあり、それは島根半島の形が島状の嶺となっていることから、「しまね（島嶺）」というものもあります。どれが真実かはもちろんわかりません。

（1）「出雲（いずも）」とは

「出雲国風土記」の始めに「出雲となづくる所以（ゆゑ）は（略）八雲立つ　と詔りたまひき。故、八雲立つ出雲と云ふ」とあります。この他に地形説、厳雲や神社のお供えの厳藻（いづも）など多くの説があります。著者らは、なんとなくの心情として「八雲立つ出雲」にひかれており、それを出雲の起源としたいところです。

出雲のなかでも青銅器を主とする西部出雲（現在の出雲市付近）と鉄器を主とする東部出雲（現在の松江市、安来市）との二大勢力があったようですが、弥生時代には統一王朝が作られ、日本海にむかって「出雲国」を形成したと考えられています。

(2)「石見（いわみ）」とは

神話伝承としての神兵が雲のごとく集まりとどまる、すなわち「屯聚（いはみ）」したため「いわみ」となった説、「いわうみ（石生み）」から来ているという説、石の多いこの地域に合った「石充（いはみ）」「石実（いはみ）」というのもあります。じっさいに、「播磨（はりま）国風土記」には、この地方を石海（いわみ）と呼んでいたことも記されているそうです。また、石見の銀山や各種鉱山等では、石を見るということで石見と名付けたとの話もあり、いずれにしても石が特徴的な地域であったのでしょう。

石見をまとめてみるのは結構難しく（東西に長いため）、大田市を中心とする東部を「石東」、江津市や浜田市を中心とする中部を「石央」、益田市を中心とする西部を「石西」と呼んでいます。

（3）「隠岐（おき）」とは

シンプルにいうと、本土から見て沖にある島ということに由来するという説明がわかりやすいと思います。「沖」ではない理由は、古代、地名には2文字をあてるという指示により、隠岐としたというのが有力のようです。一方では、隠岐の山中にある杉が大変りっぱなため、「御木（おき）」としたという異説もあります。

隠岐は、島根半島の北方約50㎞にある諸島で、隠岐群島（おきぐんとう）と複数の島からなっています。島後水道を境に「島前（どうぜん）」と「島後（どうご）」に分けられ、「島前」は「島前三島」と呼ばれる知夫里（ちぶり）島（知夫村）、中ノ島（海士［あま］町）、西ノ島（西ノ島町）の三島中心で構成される群島であるのに対し、「島後」は島後島（隠岐の島町）の一島中心で構成されています。

1―3　渡来人と大陸との関係

ここでは時代をさかのぼって古代の人の動きをみてみましょう。多くの渡来人と、もともとの住民の活躍から、日本人の原点や融合の過程をみていくことにします。

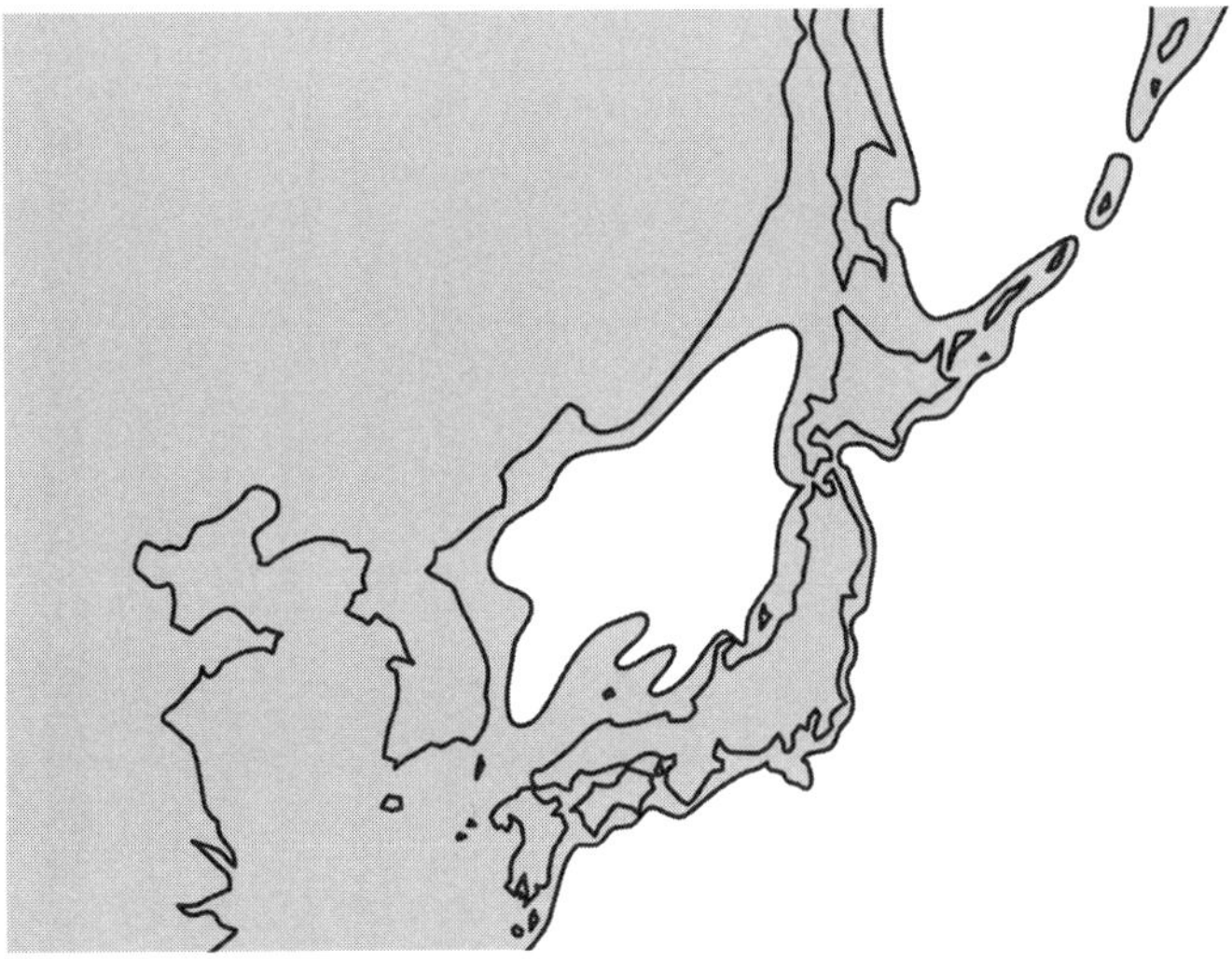

図1―4　100万年前の日本をイメージ化した地図（大陸と地つづき）

（1）多くの渡来人たちの物語

もともと日本列島には、大陸と陸続きのときからの住民が存在したわけです。それに加え、紀元前から日本列島（九州を中心として）に米作りや土器などを伝えた人たちがいました。この人たちは渡来人と考えられています。「古事記」「日本書紀」が伝えるところによると、紀元後３００年前後の応神天皇期が大規模な渡来期ともされています。

このころ中国大陸や朝鮮半島では大きな動乱が起き、新天地を求めて、製鉄の技術や鉄製の農具、灌漑《かんがい》技術などを持った人たちが日本列島に渡来し、それまでの住民と大規模に融合したと考えるのがわかりやすいかと思います。

(2) 渡来技術者は金属製造技術から農耕、土木技術まで

もともと、島根は、鉄と銀だけでなく、銅の資源(金、銀は銅と一緒に採れる)の宝庫だったようです。もちろん良質な水資源と肥沃な土地、豊かな森林資源などの自然にも恵まれていたのでしょう。

古代の日本には朝鮮半島や大陸から土器、農工、土木、養蚕、機織り、漢字、仏教、医学などの新しい文化や技術を持って多くの人たちが渡来してきました。平野側に住んでいたのが農耕系の一族、山側に住んでいたのが鉱山(山師)系の一族のようです。農耕と鉱山の間には農機具の鉄器、銅器という接点もありますが、利益相反もあるので、行動形態は大きく二分されていたようです。

渡来人がもたらした道具や技術によって、日本ではそれまでの生産方法や労働方法が一変され、また古来の方法と融合されるという一大改革が起こったのだろうと思われます。その先端を担った人々の集積地が、島根の出雲、石見、隠岐と考えられます。馬や馬具も渡来人によってもたらされたともいわれます。

これでは少々の混乱はあっても、この地域が発展しないほうがおかしいともいえます。いろいろな経緯はあるものの、7世紀には、政治にも影響を与えるような百済からの亡命者たちが入ってきたりします。結果として先端的な知識や文化、技術がもたらされたのでしょう。

（3）渡来人を物語る多くの地名、人名

4、5世紀の渡来人で代表的な集団といえば秦（はた）氏と漢（あや）氏です。秦氏は5世紀ごろに朝鮮半島の新羅からきた一族で、土木技術や農業技術などに長けており、土地の開墾、養蚕、機織、酒造、金属加工などももたらしたといわれます。

出雲の島根半島の北山山系は、筆者の故郷のすぐそばでもありますが、そのような人々の住む渡来村があったと推定されています。いまでも韓竈（からかま）神社のまわりには、2章で述べますが、鉄つくりの伝説の石船や、唐川（からかわ）と呼ばれる川があります。北山の裾の東林木（ひがしはいしぎ）や遙堪（ようかん）地区には、都伊布伎（ついふき：息吹き＝ふいご）神社、都我利（つがり：金銅製柄頭）神社、阿須伎（あすき：切れ味のよい鋤＝刃物）神社などの金属・冶金に関連するといわれる名前の神社があり、それらは、いずれも大変風情ある立派な神社です。

また、島根半島や石見海岸には、一風変わった名称が付いた地名がこの他にもいたるところにあります。例えば松江市の宍道湖（しんじこ）岸にある来待（きまち）は、元の漢字は来海（きまち）という意味深長な名前です。「渡来人」（以前は「帰化人」と記載することもあったようですが）と呼んでいますが、実はわたしたち日本人の祖先の一部でもあり、彼らから伝えられた技術や知識によって、それまでの人々の生活が大きく変化したのは確実でしょう。

▼壮大なグローバル神話――国引き神話から

国引き（くにびき）神話は、「出雲国風土記」の冒頭、意宇（おう）郡の最初の部分に書かれています。出雲の人は皆この話を知っていますが、なぜか「古事記」や「日本書紀」には記載されていません。書くのには都合があまりよくなかったという背景があるのでしょうか。ちなみに国譲り神話は、ちゃんと「古事記」や「日本書紀」に記載されています。

このあたりも、当時の日本海を中心とした中国、朝鮮半島、日本列島の政治覇権をめぐるグローバルな関係に対する謎解きミステリーで、日本の歴史に対する島根からの逆襲の一部といってもよいでしょう。

国引き神話の内容をすこしみてみましょう。出雲の国は狭い若国（未完成の国）だったので、他の国の余った土地（?）を引っ張ってきて継ぎ足そうとしたのです。佐比賣（さひめ）山（三瓶山）と火神岳（ひのかみのたけ）（大山）に綱をかけ、「国来国来（くにこくにこ）」と国を引き、その結果できた土地が現在の島根半島であるといわれます。国を引いた綱はそれぞれ薗（その）の長浜（稲佐の浜）と夜見嶋（よみのしま）（弓浜半島）になったという壮大なスケールの物語です（図1―5）。

このダイナミックな話は、いろいろな意味と感情を引き起こします。まずは領土問題ですが、出雲の人は土地が増えるのでよいけれど、削り取られた（スコップのようなもので、すくい取ったと

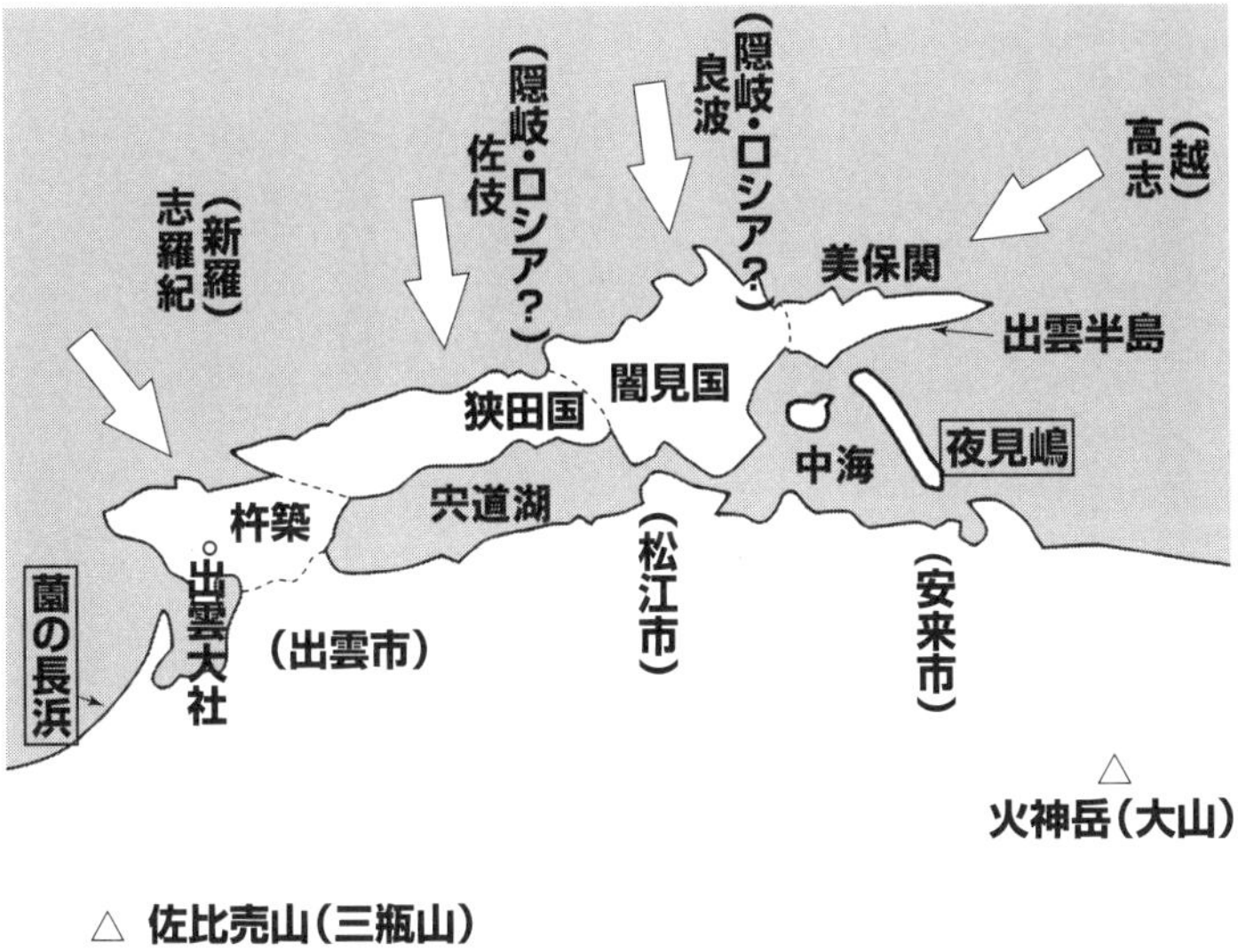

図１―５　国引きの関係地図（日本海沿岸地区から集まったとされる）

記述されていますが）ほうは、神話とはいえ、どう考えたらよいのか？　おもしろくないでしょうね。

　そこで、見方を変えて土地を運ぶ話ではなく、いろいろな地域から出雲に人が集まったと読んだらいかがでしょう。土地を持ってきたことで、渡来人をわざわざ呼び寄せた、だからこそそういう人々を大事にしなくてはいけない。古来の土地にいる人は、彼らのおかげで豊かになることができた、とも読めます。

1―4　隠れ未来里とは
――豊かな未来の可能性を検証する

　かつては日本の中心的位置を占め、各地に影響力を与えていた地域（島根・出雲・石見・隠岐）が、歴史の流れの中で世の中の中心からしばし消え、忘れ去られていたのでしょう。ここで、忘れ去られていた地域を、まずはローカルな「隠れ里」とよびましょう。しかしそれだけでは、単なる「ではどうぞ、隠れて住んでください」となってしまいます。島根には未来への豊かなポテンシャルがあるということで、本書では「隠れ未来里」への期待をスタートさせます。

（1）未来の隠れ里とは

隠れ里の条件をあえて挙げてみると、①世の中に広く知られていない、②深い歴史、文化がある、③人間にとって優しくかつ刺激がある、すなわち自然とコミュニティが維持され残っていることでしょう。

今までは全ての地域が東京を目指していたのも事実です。現在の東京のようにグローバルなマーケットを舞台に熾烈な戦いを行ない、利益を上げる金融、製造業など競争社会の地域は必要です。しかし日本の中には自然と共生し、ゆるやかに時間の経つのんびりとした地域も必要でしょう。

もちろんその「隠れ里」は単なる隠遁の場所でなく、未来にもいろいろな可能性があることが、備えるべき条件、資質でしょう。これを本書では「隠れ未来里」と呼びたいと思っています。グローバルで先進的な国では、人間が豊かに生活するために、このような地域が必ず必要になると筆者は考えています。

（2）隠れ里とグローバル経験のなかの島根

日本は明治維新後、産業の発展とともに人口は急増しました。しかし工業化・都市化の波にのまれ、人々は豊かさ、快適さを求め、都会へと移り住んでいきました。島根県も第二次大戦後は人口90万人超であったのですが、現在はいわゆるローカル化で70万人を割る規模に減少しています。

しかしながら、ここにきて流れが変わってきています。都市の快適さの中でそれに満足できない、対応できない人々が一定の割合で出つつあります。これらの人々は、反対の方向、つまり都市から自然溢れた「田舎」への指向を持ち始めています。

米国流グローバルという視点でみても、その潮流は感じられます。たまたま筆者たちが滞在した北米の中堅（田舎）都市のバンクーバー、デトロイト、ボストンなどは、熾烈なビジネスの戦いの場のＮＹ（ニューヨーク）やＬＡ（ロサンゼルス）などと違って、自然と一体となったじつにゆっくりとした安らかな地域だった記憶があります。

そこでは、いろいろな人種の人たちが、るつぼのなかの反応のように溶け合って、新しいものが生み出されるという形になっていたものです。これが、ここで取り上げる真のグローバル化だと考えています。

この一見のんびりとした島根の田舎空間を、未来里としてみるとどうなるでしょうか。そこには地域としての日本海周辺国との一体感というグローバルさや、過去の資源や技術をうまく使いこなしていた技術的バックグラウンドの存在、高齢者を大切にするコミュニティというものが揃っている地域となります。すなわちのんびりとした生活の中に、未来の種もあちこちに落ちている地域ともいえるでしょう。

そう考えていくと、少し強引であることを覚悟の上で述べれば、島根は従来のグローバル・モデルがさらに洗練された、未来にとって必要不可欠な地区になっていくのではないでしょうか。辺境のなかに隠れながら、日本の中の「隠れ未来里」として世界の新しいグローバル・モデル地区、まさに未来における逆襲につながるかもしれません。

(3) 島根の逆襲の3つの可能性──未来里からの新しい息吹

逆襲のポテンシャルと可能性について、3つの仮説を提示してみます。そのキーワードは神話、技術遺産、自然の恵み、長寿命などがありますが、それらのバランスが良いグローバルな隠れ未来里となります。

①神話、古代のストーリー性は未来への贈り物──逆襲1(第2章)

神話と古代史を検証し、ダブらせて考えることで、発見・発掘できるネタはいたるところにころがっています。つまり島根は、日本列島の成立、古代の政治の戦い、当時のグローバルの舞台である環日本海の行き来、日本列島内の争いなど、さまざまなミステリーが発見できる場なのです。神話の不確定性さをもつミステリアスなストーリーは、未来への贈り物といえます。

神話は地域に暮らす人にとってはもちろん、そこで育ち他県やグローバルにはばたく人（また島根県に入ってくる人々）にとって、地域への一体感を醸成する最大の資産の一つであると考えるからです。こうしたバックグラウンドは重要です。自分の生まれ育ったり、移り住んだ地域が自らのバックグラウンドであることを自覚できると、それは個々人の活動のベースになっていくでしょう。

海外に滞在していたとき、海外の人びとは筆者らが思った以上に自分のふるさとについて知っていて、誇りに思っていました。われわれは、いかに日本のことを知らないか、恥ずかしく思ったことを思い出します。これは、島根という地域についても同じことです。地域としての（ゆるやかな）一体感（共同体意識）は、地域の活性化とともにグローバル化を進める上での必要条件の一つと思います。

②各種資源と技術遺産、自然の恵み――逆襲２（第３章・第４章の一部）

人類に必要な資源の数千年にわたる発掘の歴史、近代化への試みと技術ネタとプロセスの現場、自然の恵みが残っている、それが島根なのです。島根発の金属資源は環日本海や中国だけでなく、欧州にも行っていたという世界的な展開の主人公であり、道具でもありました。

このため島根は、結果的にグローバルな技術遺産の歴史的検証がその場でできるという、極めて恵まれた地域となっています。島根全地域がいわば博物館なのです。広大で、壮大な技術遺産・自然融合博物館。技術と生きた製品の展示で有名なドイツ博物館のようにできる可能性があります。

ということは、学生、社会人、さらに将来の科学者の卵である理科少年・少女の育成にとって島根は最適な地域ということができます。

③確実な長寿・高齢化ニーズと人々の存在とそれを活用したビジネス展開——逆襲3（第4章の一部・第5章）

日本と世界の高齢化ニーズ、すなわち長寿命の先取り地帯が島根である、と考えることができます。そこにはかならずビジネスのヒントとお客が存在します。たとえば、高齢者市場を対象としたビジネス試行フィールドの可能性があるということです。つまり、世界最先端（長寿命）マーケットを対象にし、起業、創業などのビジネスチャンスがあるのです。


未来里への息吹はいくつか見えてきています。たとえば、行政側でも行なっている数多くの神社資源を利用した出雲国霊場めぐり、「古事記」1300年をベースにして島根全体をテーマパークとした「しまね博覧会」などもその動きです。

ただし、単に伝統とか歴史だけでは新しい大きなビジネスの展開にはつながりません。そのカギを握るのがそれらを活用する知恵と市場という意識です。具体的には、伝統産業と新しい技術の橋渡しをする「古くて新しい鉄の最先端産業向けの部品・材料の展開」は、たとえばそのひとつです。

また、長寿命・高齢者の市場と地域の活性化を目指した地域の町おこしと起業支援もそうです。自然の恵みを生かした桃源郷化を目指した団塊、シニア、若手を中心としたIターン、Uターン計画などによる定住・交流人口の増大などの知恵を出す試みが始まっています。

次の章からもう少し詳しく、島根のなかの過去、現在、未来の動きをみていきましょう！

2章　神話と歴史のパワースポットの里へ

――島根の逆襲ポイント（1）

▼歴史の重さと蓄積から

島根における神々との付き合いの中で最も有名なものは、神在（かみあり）月の存在です。特に出雲地方には旧暦10月（神在月）には日本全国から八百万（やおよろず）の神が集結し、縁結びなどの会議を行ない、その後なおらい（宴会）をした後、各地にお帰りになります。石見地区、隠岐地区も同様に神社と歴史がいっぱいで、まさに神々の里です。そこでまずは神話の流れとごりやくに触れましょう。

2―1　神話の登場人物とその舞台

神話のストーリー性やミステリー性に関して、最近の出雲大社の遷宮や遺跡発掘などから見直してみる機運が日本中で高まっています。「出雲国風土記」は、諸国風土記のなかで唯一の完本と称され、当時の実態についての記述としては「古事記」、「日本書紀」以上の価値があるともいわれます。さらに出雲地方からは、古代の遺跡、銅剣、銅鐸、出雲大社の巨大な御柱などがざくざくと出土しており、実物を見て「物証」を感じることが可能です。

また石見地方における柿本人麻呂のゆかりの「万葉集」、隠岐における後鳥羽上皇、後醍醐天皇の「新古今和歌集」とのかかわりなど、時代を超えてストーリーは繋がっていきます。

「古事記」「出雲国風土記」「万葉集」「新古今和歌集」を手に持ち、ゆかりの神社、場所を尋ねることは1300年をさかのぼる旅となるでしょう。「隠れ里」の要件としてこれ以上のものはないといえます。「古事記」の神話部分の1／3は出雲の神様の話であるといわれています。

このように古代において、島根・出雲は日本の中心であったことが最初のポイントです。

▼第一歩は登場する神様とその関係――系図を知ること

まずは出雲地方にかかわる主要な神々の系図をみていくことからはじめましょう。スサノオ（須

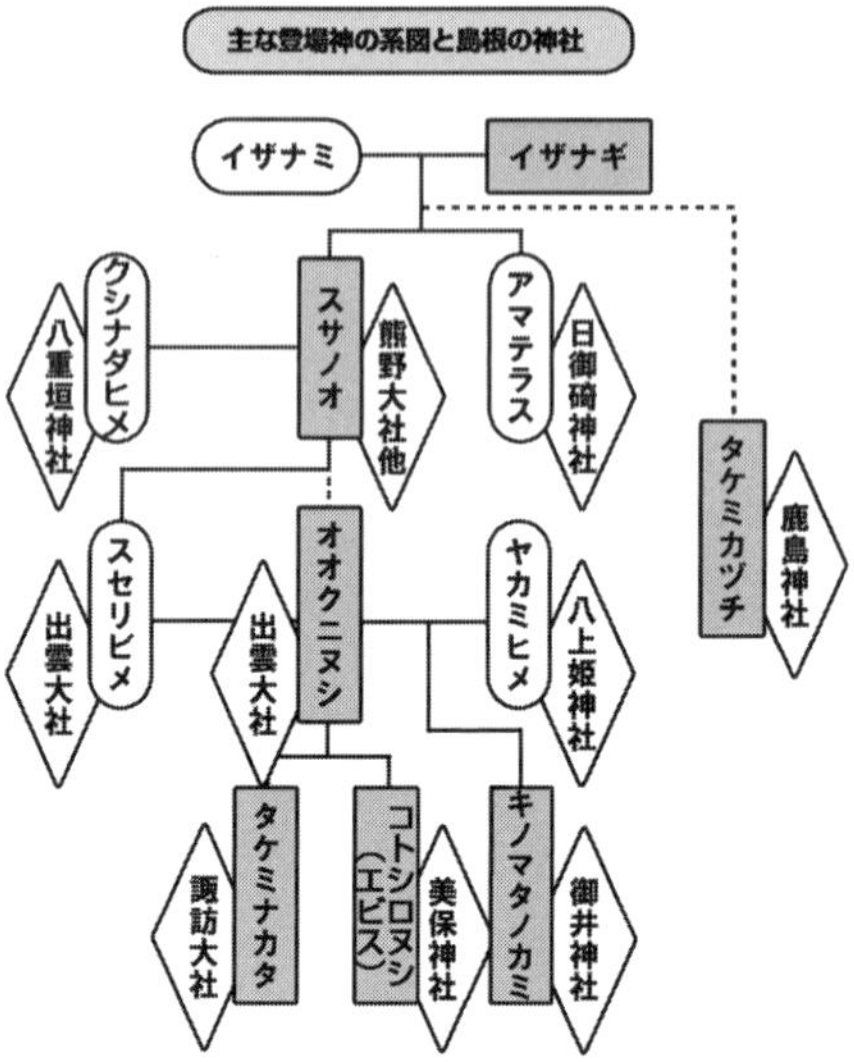

図２―１　神話に登場する主な神の概略の系図と神社

佐之男命）、オオクニヌシ（大国主命、いわゆる大黒様）、エビス（恵比寿様）などは神話の神々ですが、いわば親せきです。また天皇家の祖先であるとされるアマテラス（天照大御神）神武天皇も、これらの系図のなかに位置づけられます。

本書に多く出てくる神話の登場人物は、スサノオとオオクニヌシです。この二人をまず押さえておけば、あとはその周りのアマテラス、エビスさん（コトシロヌシ）、タケミナカタといった有名な神様、そしてオオクニヌシの複数の奥方などとなります。そういう意味では覚える必要があるのは意外と少ないかもしれません。

主要な登場神様についてのハードルが越えられたら、あとはもう比較的簡単です。神話の世界がぐっと身近に感じられるようになるでしょう。

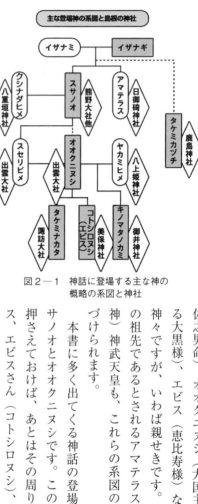

▼頻出する神様たちの特徴像

古代の日本には、まだひらがな・カタカナがなく、中国から漢字を輸入した時代でした。書き言葉には、音だけでさまざまな漢字が当てられていました。たとえば、スサノオについては、素戔男尊、素戔嗚尊等、須佐之男命、須佐乃袁尊、神須佐能袁命、須佐能乎命などとなってしまいます。これだけでも混乱しそうですが、本書では基本的にカタカナ表記を中心にして記述することにします。ただし、オオクニヌシだけは「大国主命」と書くことにします。

まずは、それぞれの神話物語の「主演」の柱（神さまは「柱」と呼びます）を中心に、順番に記述していきます。

●イザナギとイザナミ——男女の神の原点で夫婦

イザナギ（伊弉諾神、伊邪那岐命）は、男神なのに日本神話に登場する神様を多数産んでいます。イザナギの体から不思議なことにアマテラス（天照大御神）、ツクヨミ（月夜見尊・月読命）、スサノオ（須佐之男命・素戔嗚尊）の三貴子が生まれています。そしてイザナギはそれぞれに、高天原・夜・海原の統治を委任したのです。

イザナミ（伊弉冉、伊邪那美、伊弉弥）は、日本神話の国産みの女神でイザナギの妻です。イザナギとの間に日本列島を形づくる多数の子（島）をもうけ、山・海など森羅万象の神々を生んでいます。別名黄泉津大神、道敷大神。
イザナギとイザナミの2柱は、島根では神魂（かもす）神社ほかに祀られています。

●アマテラスとスサノオの2柱――兄弟姉妹です

アマテラスは日本神話の母のような存在ですが、イザナギが左の目を洗ったとき生まれたといいます。
スサノオは、イザナギが鼻を洗ったとき生まれた（アマテラスの弟）のですが、乱暴狼藉で高天原を追放されました。その後出雲にやってきてヤマタノオロチ（八岐大蛇）退治をしたので有名です。島根では、アマテラスは日御碕（ひのみさき）神社にスサノオと一緒に（別棟）祀られています。スサノオは熊野大社、須佐神社ほか多数の神社の祭神です。

▼かかわりの深い神様たち①スサノオとクシナダヒメ

スサノオ（スサノヲ、スサノオノミコト）
神名の「スサ」の由来は、荒れすさぶの意として嵐の神、渡来した鉄の神として州砂（＝砂鉄）の王、朝鮮語で巫の意味でススングに由来するなどあります。いずれにせよ、スサノオは朝鮮半島から渡来した新羅系の蕃神（外来神）といわれています。出雲を本拠地とした宗教集団の勢力（鉱山技師？農業技師？）が、この神様を氷川（斐川）神社などとして日本中に広げていったようです。

おもしろいことに「出雲国風土記」に登場するスサノオは、おおらかな農耕的神として書かれています。しかし、「記紀」神話に登場するスサノオは巨大な神で、高天原、葦原中国（出雲）、根の国（根之堅州国）と三界にまたがる特殊な神として描かれています。

クシナダヒメ（クシイナダヒメ、イナダヒメ）

「古事記」では櫛名田比売、「日本書紀」では奇稲田姫と表記されます。ヤマタノオロチ（八岐大蛇）の生贄にされそうになっていたところを、スサノオに姿を変えられて櫛（くし）になります。スサノオはこの櫛を頭に挿してヤマタノオロチと戦い退治し、その後救われたクシナダヒメはスサノオの妻となりました。

また、スサノオがヤマタノオロチを退治するとき、佐草（さくさ）の里の大杉（奥の院）を中心に八重垣を造ってクシナダヒメを隠したとも伝えられます。その舞台である八重垣神社は、スサノオとクシナダヒメの二人を仲良く主祭神としています。境内の裏手にある「鏡の池」は別名「姿見の池」ともいわれ、恋人占いの泉、パワースポットとなっています。

▼かかわりの深い神様たち②大国主命と奥方、子どもたち

大国主命（オオクニヌシノミコト）

いわずとしれた出雲神話の主役です。縁結びの神さま、有名な「因幡（いなば）の白兎」の話の

主役、あるいは七福神のダイコク（大黒、大国）様だということはよく知られています。全国の神様の総元締みたいな存在でしょう。

しかし、悩まされるのが、大国主命の名前の多さでしょう。「日本書紀」には、「大国主命、またの名を大物主神、または国作大己貴命と号す。または葦原醜神という。または大国玉神という。またたは顕国玉神という」とあります。これで大混乱、筆者も含めてチンプンカンプンとなる人も多いのです。

複数の名前を持つ神は日本では珍しくありませんが、この神ほどいろいろな呼び方をされる神はいないでしょう。多くの名前を持つことは、それだけ多様の性格を持つことを示し、神さまとしてのパワーも強力といえます。複雑な名前とごりやく、多数の奥方たちについては、この後簡単に整理しておきました。

コトシロヌシ（事代主命）

大国主命の長男、一般にはエビス（恵比寿）さんで知られています。国譲りの際に、これを承諾した息子です。商売繁盛のほか、漁業・海運の神、田の虫除けの神として信仰を集めています。また「鳴り物」の神様として楽器の奉納も多く、美保神社に義理の母親のミホツヒメ（三穂津姫命）と一緒に祀られています。

▼大国主命のすごさ①──名前とごりやくの多さ

多数の名前の中で一般的なものを、由来を含めていくつか紹介してみます。

大国主神（オオクニヌシノカミ）：文字通り大国を治める帝王の意で、出雲国を治める大王を意味しているところからきている。

大穴牟遅神（オオナムヂ）・**大穴持命**（オオアナモチ）・**大己貴命**（オホナムチ）：大きな穴としてみると、鉱山の守護神などと解釈される。

大名持神（オオナモチ）、**大汝命**（オホナムチ）：「大地の王」であることを象徴する。

八千矛神（ヤチホコ）：矛は武力の象徴で、武神としての性格。

葦原醜男・葦原色許男神（アシハラシオコ）：野性的で力強い男の意で武神。

大物主神（オオモノヌシ）：大きな力を持つ高い「モノ」霊格をたたえているとか。

大國魂大神（オホクニタマ）、**顕国玉神・宇都志国玉神**（ウツシクニタマ）：国土の霊魂。

その他に、**国作大己貴命**（クニツクリオホナムチ）・**伊和大神**（イワオホカミ）・**伊和神社主神**・**所造天下大神**（アメノシタツクラシシオホカミ）・**幽冥主宰大神**（カクリゴトシロシメスオオカミ）などともなっていますが、舌をかみそうですね。

ごりやくとしては、農業・商業・医療・国内平定・国土経営・縁結び・夫婦和合・安産・厄除開

図２—２　島根大学附属病院のシンボルマーク

運・五穀豊穣・等々が挙げられています。

大国主命を祭神とする出雲大社がある島根は、古来より医療発祥の地ともいわれており、地元の島根大学の付属病院が、ウサギがガマの穂にくるまっている姿をシンボルマークとしているのは白ウサギの治療の話と関連して興味深いところです。縁結びに追加する次のパワー候補としては、医療の神頼みかもしれません。

ちなみに大黒様（大黒天）の呼び名は、ヒンズー教のシバ神のマハーカーラ（大黒天）の伝来とともに大国主命と神仏習合した日本独自の神となっているので、さらにパワーが増しているのでしょう。

▼大国主命のすごさ②——奥方の多さと地域の拡がり

昔から「英雄色を好む」などといわれますが、大国主命は大変な艶福家でもあります。「記紀」神話においてもすこぶるつきの美男と記されているようで、大国主命の生涯も試練と女性関係の連続です。艶福は豊穣神としての霊力を象徴し、福神信仰となっています。

大国主命には少なくとも7柱の奥方がおり、それが全国各地に散らばっているのがミソです。また子どもの数は「古事記」には180柱、「日本書紀」には181柱と書かれています。別名の多さや妻子の多さは、明らかに大国主命が古代において広い地域で信仰されていたことを意味し、各地域で信仰されていた土着の神と統合し、その勢力範囲を拡大、保守していたということでしょう。

以下は「記紀」における大国主命の妻神です。

スセリビメ（須勢理毘売命・須世理毘売命）：根の堅州国に住んでいたスサノオの娘。正妻とされる。

ヌナカワヒメ（沼河比売命）または**ヌナガワヒメ**（奴奈川姫）：北陸の越（コシ）の国、国譲りの相撲でまけたタケミナカタ（健御名方神、諏訪大社の祭神）を生んだ。

ヤガミヒメ（八上比売）：因幡の国、最初の妻とされる。キノマタノカミ（木俣神、御井神社の祭神）を生んだ。

タキリビメ（多紀理比売命）：九州の宗像（ムナカタ）三女神の長姉でオキツシマヒメ（奥津島比売命）ともいう。

カムヤタテヒメ（神屋楯比売）：コトシロヌシ（エビスさん）を生んだ。

トトリヒメ（鳥取姫神）：ヤシマムジ（八島牟遅能神＝スサノオ・イナダヒメの子）の娘。

ミホツヒメ（三穂津姫命）：高天原のタカミムスビノカミ（高皇産霊神）の娘。大国主命が国譲りを決め幽界に隠れたあと妻とした。

2―2　神話のベース――「出雲国風土記」と「古事記」「日本書紀」

日本の歴史において紀元700年以前については、「古事記」「日本書記」くらいしかまともな記録がありません。そのなかで、なんと神話部分の三分の一の記述が出雲に関するものとなっています。これをどのように解釈したらよいのでしょうか？　またその少しあとに記述されたとされる「風土記」は、完本が残っているのは「出雲国風土記」のみで、ほかの国の状況は断片しかわからないのです。

おもしろいことに、「古事記」「日本書紀」と「出雲国風土記」は、かなり近い年代に書かれ、2～5世紀についての記述は神話仕立てになってますが、それぞれの記述はどういうわけか違っています。これがいろいろな不思議やミステリーも生んでいるといえるでしょう。

(1) 神話の歴史風記述とは――日本の「古事記」「日本書紀」の存在

古代に限らず歴史書というものは、その時の権力者の都合で編纂されるものですから、事実というより物語のようなものです。事実と物語の差が、神話ミステリーの発端にもなっているわけですが、いくら編纂されていても、事実の痕跡が残っているのは確実であり、これを掘り起こすことが楽しみとなります。

この島根地域の古代の不思議、謎解きにはまる人も多数出てきています。さらに大量の銅剣、銅鐸、出雲大社の巨大な柱の遺跡の発見などによって、神話の絵空事といわれていた出来事が突然事実だと判明したりして、ますます謎が謎を呼んだりします。ミステリーの塊《かたまり》のような古代の国、これもまた島根の魅力です。

「古事記」「日本書紀」における島根の記述

「古事記」（こじき、ふることふみ）は、和銅5（712）年に献上された日本最古の歴史書といわれています。全体は上・中・下の全3巻に分かれ、登場する神々は多くの神社で祭神としてまつられており、今日に至るまで日本の宗教文化に多大な影響を与えています。島根とのかかわりは主に神武天皇以前の上巻となりますが、古事記全体の神話の分量の三分の一を占めています。

一方「日本書紀」（にほんしょき、やまとぶみ）は古事記成立後、8年を経た養老4（720）年に成立した日本の公式の歴史書です。当時の皇室や各氏族の歴史上での位置づけを行なうというもので、島根関連の神話は古事記と同様にたくさん記述されていますが、神話の部分の内容は前述のように微妙にニュアンスが違っています。

(2)「風土記」のなかで「出雲国風土記」だけが残った

「風土記」は、和銅6（713）年、時の政府が、諸国に「風土記」を作成し報告せよという命令を出し、各国が作成し報告したといわれています。その内容は、①郡、郷に良い字をあてること。②郡内に生ずる銀、銅、草木、禽獣、魚、虫、③土地の肥沃度、④山川、原野の名前のいわれ、⑤古老の伝える話で、今でいう地勢・文化・産業・農業・歴史です。当時の状況を知るためには大変重要な情報です。

「出雲国風土記」が残ったのは、写本がたくさんあり、出雲が注目されていた地域であったという証拠と言えます。記載内容という意味では、「記・紀」よりは「風土記」の伝承のほうが確かさがあると思われます。出雲地方には京都、奈良よりもひと昔ほど古い物語が詰まっている多くの神社があり、古くから祀られてきたのです。このためまだまだ古代史の内容をひっくり返すような歴史的な遺跡などが出土する可能性があるのではないかと思います。

なにはともあれ出雲の神様のおかげとも言える「出雲国風土記」が残ったことにより、私たちは8世紀の神話、地名、地名の由来、神社名、道路、山などなど、当時に思いをはせることができます。「隠れ里」にとっては、古代への道しるべ、謎解きのガイドラインのような資料となっているのです。

(3) 出雲の国譲り神話の比較・いろいろ

出雲の有名な国譲り神話は、高天原の神々が大国主命に出雲の支配権を譲るように迫り、ついに承諾させるというものです。しかし国譲りは、神話の上でもそんなにスムーズに行なわれたわけで

図2—3　国譲りの舞台となった稲佐の浜と中央に鎮座する弁天島

はないようです。記、紀、風土記の経過を比べてみましょう。

①「**古事記**」：高天原からまず交渉役が派遣されますが、帰ってこないのでタケミカヅチノカミ（建御雷神）が遣わされ、稲佐の浜（図2—3）に剣を突き立てて国譲りを迫るというものです。

大国主命はふたりの息子に意見を求めようとします。釣りに出ていたコトシロヌシノカミ（事代主神、エビスさん）は国譲りを承諾しますが、もうひとりの息子、タケミナカタノカミ（健御名方神）は反対します。

そこで力競べが行なわれ、大国主命の息子が敗れてしまいます。これは相撲の起源といわれていますが、これによりとうとう国譲りが実行されるのです。ちなみに敗れたタケミナカタノカミは諏訪まで逃げ、その地に引き籠もって諏訪大社の祭神になったとされます。その際、大国主命はしっかりとした土台の石の上に、太く高い柱を建て天に届く程の壮大な宮で祭ってくれれば私は隠れようという条件を述べたのです。

②**「日本書紀」**：同じように高天原のタケミカヅチノカミ（「武甕槌神」となっている）らが出雲にきて、「あなたの国を天神に差し上げる気があるか」と尋ねると、大国主命はきっぱりはねつけます。そこで使者は国を譲ってもらうための条件を示すのです。

大国主命への条件は、壮大な宮を造ることでした。そして、海を行き来する橋や船も造ることなどを条件に加え、大国主命が根の国（冥界）にこもる、ということだったようです（それで巨大な出雲大社の設立へとつながっていきます）。

それまで朝廷に従わなかった出雲国が、このようにして大和朝廷に引き渡されたというわけです。

③**「出雲国風土記」**：国譲りにさいして、大国主命は次のようにいいます。

「私が支配していた国は、天神の子に統治権を譲ろう。しかし、八雲たつ出雲の国だけは自分が鎮座する神領として、垣根のように青い山で取り囲み、心霊の宿る玉を置いて国を守ろう」

つまり、出雲以外の地は天孫族に譲り渡すが、出雲だけは自分で治める、と大国主命は宣言しているのです。これを解釈すると、譲るのは出雲の国という一地方ではなく、当時の倭国の支配権というわけです。列島の支配者としては最初に出雲族がおり、そのあとを天孫族が奪った（？）構図が見えてきます。

どれが、真実に近いのでしょうか？　このような古代日本の隠された構造を見ていくと、ますます謎は深まり、ミステリーの面白味は深まります。そしてその舞台は島根界隈なのです。

▼地方行政による神話の活用とふるさと教育とは

島根県では「ふるさと教育」としてすでに約20年余り、神話の教育の歴史があります。神話をたいへんわかりやすく現代語に訳して配っています。このような神話の資料を、小学生のころに読むことは、郷土の知識ひいては日本の原点を学ぶことであり、民族の夢とロマンの原風景になります。戦後の日本の神話全否定の風潮があったなかで、大変な努力が必要だったと聞きましたが、やはり郷土に関する知識は地元教育の第一歩として必要でしょう。歴史の土地勘をつけるための教養にも、またストーリー発想を高めるトレーニングにもなるかもしれません。ちょうど西欧が聖書を必読として、教養や歴史への関心、ミステリーの解明に力をつくすようなものでしょう。これらの活動と情熱に敬意を表したいところです。

また、「神々の国しまね」に県外、海外の方々に来て、見ていただくため、〝神々〟と〝ご縁〟をキーワードに、「ご縁の国しまね」と名付けた活動を、県庁の観光振興課の課長の堀江隆典さんが各種の施策とともに語ってくださいました。島根には松江城の国宝指定、2つの日本遺産「津和野百景」「出雲國たたら風土記」、出雲大社をはじめ多くの神社、庭園、温泉等、数え切れない見所があります。活動の成果も上がっており、これから、さらに島根を訪れる人が増えるでしょう。

2―3　日本最大のパワースポット地帯出雲

「古事記」と「日本書記」、「出雲国風土記」の世界の神々については、現代科学では説明のつかないことがたくさんあります。それらのミステリーの交差点をさぐっていくと、じつは神社の存在そのものに行き着きます。たくさんのお社（やしろ）たちがパワースポットとして人々に畏怖されています。そのなかでも「大社（たいしゃ）」には、巨大でグローバルな人智を超えたパワーがあることが感じられるのです。

（1）大社造りの原点、多くの大社造りとは

出雲大社本殿のような建築様式を「大社造り」と呼びます。大社造りは最も古い神社建築と認識されています。この特徴は、建物中心を貫く「心の御柱」として建物の真ん中に、この建物を支える太い柱があることです。

昔の家では、家の中心にある太い柱や主人のことを大黒柱といっていましたが、田舎の住まい

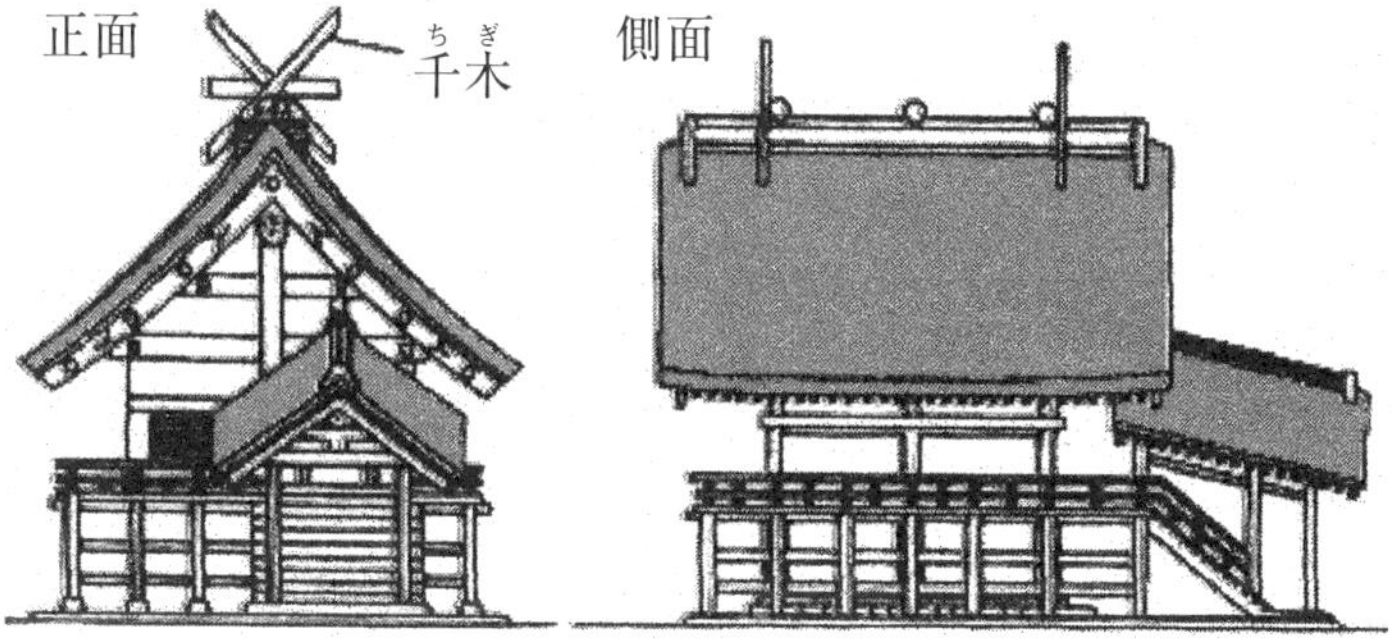

図２―４　大社造

の記憶がある方も多いでしょう。なぜそう呼ばれるのでしょうか。出雲大社に祭られているのは大国主命、つまり大黒様であり、これに因んで、建物を支える柱（人）を「大黒柱」というわけですね。

（2）出雲地方には大神様を祀る大社・神社が、なんと4箇所も！

出雲地方には４つもの巨大なお社、大社・神社があります。それは出雲、佐太、熊野、野城（能義）の大神を祭る集団です。以下、すこしだけローカルな視点から紹介してみましょう。

出雲大社

出雲国一宮。地元では「いずもたいしゃ」ではなく、「いずもおおやしろ」と呼ばれることもあります。拝礼は二拝四拍手一拝の作法で行ないます。大国主命が主祭神で、縁結びの神として日本国中の若い男女がお参りしなければならない（？）所です。出雲の旧暦10月は神在月と呼ばれ、全国から八百万の神様が出雲大社にお集まりになって会議（縁結び）をされるというパワースポットの本家です。

また、出雲大社の神は国譲りなどの経緯により、祟り神の側面も持っており、神を鎮めるために古来から天皇家などが、お参りを重ねてきたことが知られています。「祟り」というのは大きなエネルギーであり、このパワーは日本の政ごとをも動かしてきたようです。

出雲大社の社殿に関してもミステリーが多くあります。鎌倉時代以降は記録が残されていますが、それ以前に関しては不明であるため、いろいろな説が飛び交う建築物となっています。本殿自体は平安時代には約48mの高さで、《雲太、和二、京三》という当時の言い伝えがあり、東大寺の大仏殿（和二）、平安京大極殿（京三）よりも高かったようです。しかし物証がなく、「神話」として無視されてきました。

しかし近年、考古学的にも（鎌倉時代のものではあるのですが）3本組の巨大な柱が発掘され、大騒ぎになりました。このように時々、神話と思われてきたものの存在が実証されることがあるのも面白いところです。なお、神楽殿にあるしめ縄は長さ13m、胴回り9m、重さ5000kgで長さと胴回りともに日本一といわれています。

▼日本最大のパワースポット地帯――天皇家も認識？　出雲大社のすごさ

新しい天皇が即位されたとき、および出雲国造家の代替わり時には、出雲から国造が一年間潔斎をして朝廷に参内し、ある品を天皇陛下に奏上したといいます。その品物は「玉六十八枚（赤水精

図２—５　出雲大社

八枚、白水精十六枚、青石玉四十四枚）……」であり、要するに赤メノウ、水晶、碧玉のことです。血色よく、白髪になるまで元気で、若い木の枝のように若くというような意味があるようです。

この他、大殿祭（年に一度の朝廷の祭）では、出雲から毎年玉を提出させています。これは天皇の御世が磐石に続くようにとの祈りをこめて、というのが定説のようです。玉の扱いを見るに、出雲において作成した玉には大いなるパワーがある、との認識が朝廷にもあったのでしょう。ちなみに三種の神器は鏡、つるぎ、玉ですが、これらはそれぞれ出雲地域の古代の産物ともいえ、この力にあやかりたいということとも推察されます。

当時玉を作成していたのは現在の玉湯町（玉造温泉）で、ここにある玉作湯（たまつくり

図2―6　玉作湯(たまつくりゆ)神社

ゆ）神社ではこの故事に因み「願い石、叶い石」の石を提供し、若い女性を中心に活発にお参りされています。出雲は歴史的にも、天皇家にも認知されたパワースポットであったといえるのでしょう。

▼「一宮」とは

かつての諸国（島根県では出雲国、石見国、隠岐国）では、その国のなかで歴史と伝統を持つ代表的な神社が「一宮」として知られていました。「一宮」は国ごとに1箇所が原則ですが、官の公式文書にはそのような格付けはなく、複数個所あるところもあります。

一宮の次に社格が高い神社を二宮、さらにその次を三宮といいます（その時代によって諸説あり、多少異なるようです）。

図２—７　出雲一の宮、熊野大社の社殿

熊野大社

熊野大社（くまのたいしゃ）は、島根県松江市八雲町にあります。ここは火の発祥の神社と言われており、主祭神はスサノオです。（出雲国）一宮といわれています。

熊野大社は出雲大社と深い関係があり、特色がよく現われている祭が鑽火祭（きりびさい）です。この祭は、出雲大社の宮司が「古伝新嘗祭（こでんしんじょうさい）」に使用する神聖な「火」をおこすための臼と杵を受け取るために、熊野大社を訪れるというものです（亀太夫神事）。

その時に出雲大社は長さ1メートルある大きな餅（神餅）を箱に納めて持ってきます。熊野大社の神職は出雲大社の餅のできばえについて、色が悪いとか去年より小さいとか形が悪いなどと文句をいいますが、出雲大社の神職はひたす

図２―８　佐太神社

ら聞き手に回ります。このときばかりは、熊野大社は出雲大社より優位に立つのです。祭神が義理の父子だからか大いに謎めいた神社であります。

余談ですが、当然ながらこの熊野大社の由緒は大変古く、紀伊国の熊野三山（大社）も有名ですが、社伝では出雲の熊野村の住人が紀伊国に移住したときに、ここの分霊を勧請したのが熊野本宮大社の元であるという説があるそうです。親せきですね。

佐太（さだ）神社

佐太神社は松江市鹿島町にある神社で、二宮といわれています。本殿は正殿、北殿、南殿の３つからなる壮大な大社造りです。主祭神の佐太大神は、出雲国で最も尊いとされる四大神の一柱で、猿田彦大神と御同神とされています。

この神社で特に注目されるのは、9月24日に行なわれる御座替祭（ござがえさい）です。本殿三社以下摂社末社の御神座の莫蓙（ござ）を敷き替える神事で、祭事の中でも重要な儀式とされ、1年ごとに実施されます。また、その祭りと連動して神楽殿では佐陀神能（さだしんのう）と呼ばれる神楽（かぐら）が舞われますが、これが神楽の発祥になったといわれています。

▼現存する出雲の大神の社めぐり

このような、他国にはない4柱大神を祭るお社を紹介しましょう。

まずは熊野大社（くまのたいしゃ）ですが大変立派な神社です。それもそのはずで昔は出雲一宮の座を占めていたのですが、杵築大社（きづきたいしゃ、出雲大社の別名）のほうが元気になったことで、少々すたれてしまっていたのです。明治になってから再建し、ようやく一宮の座を出雲大社と一緒に再獲得したとか。

丁度訪れた日の午前中に出雲大社から神餅が届くという亀太夫神事があり、熊野大社へのお供えも済み、氏子の皆さんに切り分けられたもちが配られました。帰ってから家族で有り難く分けていただきました。こういう、思いがけないこともあります。

次に行ったのが佐太（さだ）神社。3つも大社造りが連なっていて、鉄道マニア用語でいうとまるで機関車（汽車）が3台繋がった3重連でたいへん迫力がありました。神在月における八百万の神の出雲での日程は、色々な説がありますが、1つの説には、佐太神社で神さまをお迎えし、縁結びの談合を出雲大社でしたあと、斐川の万九千（まんくせん）神社でなおらい（宴会）をして、それぞれの神社にお帰りになるといいます。この佐太神社は神楽（かぐら）が有名です（神楽については後述します）。

もう一つの野城（のき）神社は、実は、地元でも知らない人が多い神社です。いろいろな説がありますが、安来の能義神社（音読みがいっしょ、のぎ、のき神社）が相当するとのことです。お参りしてみると、他の大社とは大きさや威風が異なりますが、ちゃんとした大社造りの本殿と拝殿があり、その前に由来略記がありました。

それによると、御祭神は天照大神の2番目の御子アメノホヒノミコト（天穂日命）であり、出雲国造である千家、北島両家の祖先といわれます。古来、壮大な大社造りであったと伝えられますが、永禄6（1563）年の火災で古文書、道具など貴重なものが消失しました。その後、何度かの改築により現在に至ったそうです。

人間の社会でも栄枯盛衰が見られますが、他の社である出雲、熊野、佐太の規模、盛況振りと比べると野城はさみしい状態でした。

図２―９　神魂（かもす）神社

(3) そのほかの大社造りの神社の訪問記

4社以外で、島根で参拝されることをお勧めしたい特徴のある神社を地元目線で紹介しましょう。

神魂神社

まずは松江市にある神魂（かもす）神社です。読み方からして神秘的ですが、祭神はイザナミを主祭神とし、イザナギを配祀しています。神社の駐車場に車を置き、手を濯いだ後、階段を登るとそこに拝殿がどんと存在します。その位置関係に圧倒されます。

本殿の天井には九重雲が描かれていると言われており（ちなみに出雲大社の本殿には七重雲が描かれ拝見しましたが感動的でした）、「八雲立つ……」との和歌との兼ね合いなど謎が一杯です。本殿は、現存の大社造りの社殿としては最古のもので、国宝に指定されている風情十分の神社好きには必見の御社です。

美保神社

松江市美保関町の美保（みほ）神社は、大社造りを2棟並べている「美保造り」と呼ばれる本殿であり、いわゆる大黒様の奥さんのうちの一柱（ミホツヒメ）と義理の息子のコトシロヌシ（エビス）様が並んで祭られています。

エビス様は国譲りの際に、大国主命から国譲りの意向を聞かれ承諾したのですが、この際の出来事を祀る神事が「諸手船（もろたぶね）神事」と「青柴垣（あおしばがき）神事」となっており、これが現在でも催されているお祭りに繋がっています。島根半島では東の「エビス」（美保神社のコトシロヌシ［事代主命］）、西の「ダイコク」（出雲大社の大国主命）とも呼ばれ、両社にお参りする方も多いのです。

エビス様は、美保関の対岸に住まう女神（ミシマミゾクイヒメ）のもとに夜な夜な通い、夜明けを告げるおんどりの声とともに、船で美保の社に帰る毎日を送っていました。ところがある時、おんどりが間違えて夜が明けないうちに鳴声をあげました。それを聞いたコトシロヌシは大慌てで船に乗り、社に戻ろうとしましたが、あまりに慌てたために途中で船をこぐ櫂を落としました。やむなく足で船を漕いでいたところ、ワニザメに足をかまれてしまったという伝説があります。

現在、美保関と境港の間には巨大な橋「境水道大橋」が架かっており、車で行き来ができるよう

図２―10　八重垣神社

になっていますが、神代の昔には船で行き来したのです。
そのために、美保関では鶏の卵はご法度となったとのことです。この話は松江のことをよく書いている小泉八雲（ラフカディオ・ハーン）も文章で触れていて、訪れた美保関の宿の女中に「あのね、卵はありますか」と、この故事を知った上でのいたずらもしたとか。もちろん、鶏の卵はありませんと女中は答えたそうな……いまでは、さすがに違うらしいですが。

八重垣神社

八重垣（やえがき）神社は島根県松江市にある神社で、祭神としてスサノオ（素盞嗚尊）とクシナダヒメ（櫛稲田姫）を祀っています。神社の名前は、ヤマタノオロチを退治したあとに、スサノオが詠ったとされる「八雲立つ　出雲八重垣　妻込みに　八重垣造る　其の八重垣を」に因んでいるとされます（ちなみに、この歌を最初に詠った地は次に登場する須我神社です）。

図２―11　須我神社

神社の奥にはクシナダヒメが鏡代わりにしたという「鏡の池」があり、ここは縁結びの占いの池として信仰されています。

神社で頂いた和紙に百円や十円硬貨をのせ、浮かべてお祈りします。用紙が早く沈むと（15分以内）良縁が早く、遅く沈むと（30分以上）縁が遅れると言われています。また、近くで沈むと身近な人、遠くで沈むと遠方の人と結ばれるとされています。筆者がお参りした際も、多数の若い女性が祈りを込め、トライしていました。

須我神社

須我（すが）神社は雲南市大東町須賀にある神社で、祭神としてスサノオ（素盞嗚尊）とクシナダヒメ（櫛稲田姫）とその御子神の三柱を祀っていますが、なんといっても和歌発祥の地として知られています。スサノオがヤマタノオロチを退治したあとに、御住まい（宮）を探していたところ、訪れたこの地を気に入り、宮造りをされた神社といわれています。その際、雲がたちのぼる光景をみて、日本で最初の和歌といわれる「八雲立つ……」を詠ったとされます。

なお、神社から山（八雲山）の中に入ると、そこには奥宮として巨大な夫婦岩と一つの小ぶりの岩があり三柱の神として祀られています。ここが素晴らしく神秘的で、また奥宮に登る途中には、近隣の現代の方々の和歌、俳句の碑が数々置かれ、これを鑑賞するのもお勧めです。

2―4　石見と隠岐のパワースポットは一味違う

石見と隠岐のパワースポットを紹介しましょう。出雲神話の多くは県東部が舞台となっているので県西部の石見地方は縁が薄いように思えますが、石見地方には「古事記」の物語を現代につなぐ石見神楽や、さまざまな伝説が生活に密着して存在します。このため人々の暮らしや、風習の端々に神話が垣間見えるのも事実です。

(1) 石見の神社たち

物部神社　石見国一宮、出雲王朝の監視役？　それとも……

物部（もののべ）神社は島根県大田市にある神社であり、石見国一宮です。その主祭神は、物部

図２—12　物部神社・石見一宮

氏の祖神（おやがみ）であるところのウマシマジノミコト（宇摩志麻遅命）といわれています。

おもしろいことに、ここから出雲と石見の昔の国境まではわずかの距離です。いわば隣接しているのに（いや、隣接しているがゆえに？）いわゆる出雲の神とは一線を画しているのです。1つには、出雲勢力に対する鎮め、すなわち出雲王朝の監視のために大和朝廷が物部氏の一族を石見国においたという説です。

真実であるかは不明ですが、大きな勢力を持っていた出雲に対して隣に対抗として物部氏に関連する勢力があったことは興味深い事実です。

ちなみに、神社の造りである建築様式は、出雲大社が大社造り（たいしゃづくり）に対して、物部神社は春日造り（かすがづくり）です。この春日造りは近畿地方に分布しています。また、物部神社の神紋は「日負鶴」であり、太陽の神としてのヤマト朝廷の印で、物部氏がヤマト王朝側に属していることを意味しています。

そうすると物部神社が出雲の神、大国主命の怨霊を封じ込んだあと、その二段目の封じ込めとして、三瓶山の西側ではみ出さないように見張っているのではないか、という推測ができるのです。

まさに古代ミステリーであり、いろいろな推測物語が成り立つところですが、ほんとうのところはだれにもわかりません。もちろん、今では同じ島根県の神社として仲良くしています。

太皷谷稲成神社

太皷谷（たいこだに）稲成（いなり）神社は鹿足郡津和野町にあり、祭神としてイザナミとウカノミタマノカミ（宇迦之御魂神）の2柱を祀っています。安永2（1773）年に津和野藩主7代亀井矩貞（かめいのりさだ）公が、津和野藩の安穏鎮護と領民の安寧を祈願するため、京都の伏見稲荷大社から勧請した、という比較的歴史は新しいものですが、この神社は交通不便な田舎にあるにしては大変にぎやかで、壮大な稲成さんです。

津和野の街から津和野城址のある山のほうに目を向けると、朱塗りの鳥居が参道を埋め尽くしています。日本5大稲荷の1つ（ちなみに他の4つの稲荷は、京都の伏見稲荷、関東の笠間稲荷、九州の祐徳稲荷、東北の竹駒稲荷）です。

図２―13　太鼓谷稲荷神社

気が付かれた人がいるかもしれませんが、一般には「稲荷」ですが、太鼓谷は、唯一「稲成」の漢字を使用しています。この由来は、昔お城の倉庫番が鍵を紛失し切腹を申し付けられたが、この神社に祈願し成就の日に見つかり、その時の満願成就の「成」をとり、稲成としたといわれます。すなわちパワースポットとしての効果（ごりやく）が大きく、大願成就の祈りとともに開運厄除、商売繁盛の神様として信仰を集めています。

稲荷神社には、伏見稲荷（神道系）と豊川稲荷（仏教系）の系統があるそうですが、太皷谷稲成神社は伏見系なので神道系だそうです。

(2) 石見は万葉集：柿本人麻呂の登場

「万葉集」（萬葉集、まんようしゅう）は、日

図2―14　高津柿本神社

本に現存する最古の和歌集です。さまざまな身分の人間が詠んだ歌を4500首以上も集めたものです。その成立に関しては詳しくわかっておらず、「万葉集」二十巻としてまとめられた年代や巻ごとの成立年代について明記されたものは一切ないようです。遷都（710年）ごろまでに完成したようで、その代表は、柿本人麻呂などの名前があがっています。

歌の作者層を見てみると、皇族や貴族から中・下級官人などにわたっています。作者不明の歌は畿内の下級官人や庶民の歌と見られ、また東歌や防人歌などに見られるように地域的にも広がっていったことがわかります。

高津柿本神社

柿本人麻呂は、生まれたのも死んだのも石見といわれています。晩年の人麻呂は役人として石見に赴任しています。柿本神社はいろいろとありますが、益田市高津字鴨山の上に鎮座し、柿本人麻呂を祀っているこの神社が総本山ともいえます。「万葉集」には、晩年に石見国に国司として赴任した柿本人麻呂が、和銅年間に「鴨山の磐根し枕（ま）ける吾をかも知らにと妹が待ちつつあらん」の歌を詠み没したとあります。そこで鴨山という没地については、各種説（斎藤茂吉、梅原猛など）があり定説がありません。これも大いなるミステリーであり、これからも目を離せないところでしょう。

（3）隠岐の神社と神話、パワースポット

隠岐に一宮がいくつかあります。また神話については「古事記」の中にある因幡の白兎（素兎、しろうさぎ）の伝説は「隠岐に住む兎」が、わに（さめ）をだまし、因幡に辿り着く手前でばれ、皮をはがされ、とおりかかった大国主命が助けるという物語です。

また「出雲国風土記」内の国引き伝説においては、4箇所から土地を引き寄せ島根半島を形作ったのですが、この際の、2回目の国引きの際の「北門（きたど）の佐伎（さき）は、島前の海士町」という説もあり、そこから国引きしたとされます。

水若酢神社

水若酢（みずわかす）神社は隠岐郡隠岐の島町にあり、島後の一宮です。主祭神はミズワカスノ

ミコト（水若酢命）であり、古代に隠岐を統治したオオスワケノミコト（大須別命）の御子とも伝えられています。隠岐国の国土開発を行なった神と伝承されています。本殿は隠岐造りといい、出雲、石見とは異なる造りとなっているので、神社建築に興味ある人は必見でしょう。

由良比女神社

由良比女（ゆらひめ）神社は隠岐郡西ノ島町にあり、祭神は海童神あるいは人国主命の奥方のスセリヒメ（須世理比売命）とも言われ、島前一宮です。隠岐の国は前述した島後の水若酢神社とともにこの神社の2つが一宮です。

社前にある由良の浜には、毎年10月から翌年2月にかけてイカが押し寄せ「いか寄せの浜」と呼ばれているそうです。伝承では、由良比女神社は昔、知夫村の烏賊浜にあり名前のようにイカが浜にたくさん来ていたが、由良比女神社が現在の由良に移されて以降、イカの群は由良に集まるようになったといいます。神様パワーの威力ですね。

（4）隠岐は天皇の流刑と自然の島のパワースポット

古くから日本海の中で重要な位置を占めるとともに、遠流の島として知られる歴史を持つ隠岐ですが、多くの文化人が隠岐に流されていることが、文化や独特の風習などを生む要因にもなっているとされています。有名どころと言えば、やはり後鳥羽上皇と後醍醐天皇でしょう。この両人はそ

図2―15　後鳥羽上皇の行在所跡（源福寺）、御火葬塚

の死後、いわゆる怨霊として恐れられていたのも事実ですが、その2人と関連する「新古今和歌集」、さらに隠岐の自然のパワーについて述べておきます。

▼怨霊と化した？後鳥羽上皇

上皇ですので、当然天皇の経験者であり、天皇の在位は1183年〜1198年。すなわち、源頼朝が鎌倉幕府を開いたちょうどその頃が在位期間です。実際のご本人の活躍は、譲位後の院政時代ということになり、院政は、譲位してから1221年まで、なんと3代23年間に及びます。

後鳥羽上皇の配流は、源実朝の死をきっかけに、時の執権北条義時の倒幕の兵を挙げた承久の乱（1221年）が発端です。しかしながら、幕府の大軍に完敗し、わずか2カ月で、後鳥羽上皇は隠岐島前に40歳すぎで流され、そのまま余生を送ることになります（図2—15）。

後鳥羽上皇は歌人としても知られており、その和歌は藤原定家を上回るという話もあるようです。当然ながら、隠岐での生活期間中にも数多くの和歌を残し、その中で最も有名なものは、配流先に到着した直後に詠んだと言われている「われこそは　新島守よ　おきの海の　荒き浪風　心して吹け」でしょう。

有名な逸話として配流後の嘉禎3（1237）年に、後鳥羽上皇は「万一にもこの世の妄念にひかれて魔縁（魔物）となることがあれば、この世に災いをなすだろう。我が子孫が世を取ることがあれば、それは全て我が力によるものである。もし我が子孫が世を取ることあれば、我が菩提を弔うように」と置文を記したので、怨霊と化したと見られ、いくつかの出来事が後鳥羽上皇の怨霊が原因とする記述もあります。これもある意味のパワーでしょう。

▼後醍醐天皇

「ゴダイゴ」というのは英語で書くと〝Ｇｏ‐Ｄｉｅ‐Ｇｏ〟、すなわち「行って、死んで、行く」ということで、まさに七転び八起きと言えばまさに後醍醐天皇の生きざまなのです。実は隠岐の国にいたのは1年ちょっとだったのです。

後醍醐天皇は１３１８年に即位したのですが、倒幕計画が発覚し、１３３２年に捕らえられ、隠岐に配流されます。しかし、わずか1年後に隠岐を脱出し、朝敵追討の命を出して、北条氏を滅

図２―16　黒木御所址

亡させ、いわゆる建武の中興が起こります。その後、１３３５年、足利尊氏の離反などもあり、吉野に逃れ南朝を開きますが、１３３９年に没します。失敗してもぜったいにあきらめない天皇といわれ強烈なパワーですね。

　後醍醐天皇の流刑地は、訪問する人々には困ったことに、というのか楽しみなことというか、隠岐に2カ所の候補が存在しており、現在のところどちらとも定まっていない状態です。ひとつは島前の西ノ島の黒木御所址で黒木神社があるところ、もうひとつは島後の隠岐国分寺があるところです。

　地元では、古くから西ノ島にいろいろな伝承があることから、黒木御所がそうであると言われていたようです。黒木御所址そばの観光案内所には青い目のお嬢さんがいて、日本語で案内をしてくれました。ムムム……ここはいったいどこ？という感じでしたが、グローバルに天皇とむすびつくところが、またすごいですよね。

▼関連する「新古今和歌集」について

「新古今和歌集（しんこきんわかしゅう）」は、鎌倉時代初期、後鳥羽上皇の勅命によって編まれた勅撰和歌集です。古今の伝統を引き継ぎ、かつ独自の美世界を現出したものです。「万葉」「古今」と並んで三大歌風の一つである「新古今調」を作り、和歌のみならず後世の連歌・俳諧・謡曲に大きな影響を残したのです。

要するに「万葉集」に選ばれなかった古い時代の歌から、撰者たちの時代までの和歌を改めて撰んで編纂し、905年4月18日に奏上されたものです。余談ですが、隠岐に流された後鳥羽上皇は、18年をかけて「新古今和歌集」から約400首ほど除いたものこそ正統な新古今和歌集であるという詔を出したそうで、これを「隠岐本　新古今和歌集」と呼んでいます。

▼隠岐の壇境の滝――これはすごいパワースポット、滝好きの人間集まれ！

隠岐にはいろいろな滝があります。隠岐のパワースポットとして深山幽谷へと落ちる滝があり、とっておきの滝を紹介しましょう。道後の島の中央部に近い山のなかに出雲大社向けの巨大杉が切り出されたと言われる谷があります。そこにひっそりとたたずむ、悠久の歴史を紡いでいる神社とネイチャースポットを感じるいちおしの場所です。それが「壇境（だんぎょう）の滝」です。

図2―17　檀境の滝

ここへの入り方は2つ。遠回りを覚悟して、幻想的な湖や山のなかの牛突き場（跡ではなく、現役の牛突き場）を通ってぐるっと回っていく方法と、那久集落からそのまま4㎞ほど入り、横尾山（標高572m）中腹の入り口まで行く方法です。山中の道は舗装されているものの細く、カーブが続き、不安が募る頃、神社の入り口の駐車場へとたどり着きます。

鬱蒼とした渓谷を滝まではわずか3分の距離ですが、素晴らしいパワーを感じてきます。森閑な空気に森林浴の気持ちでの巡礼もパワーを蓄えるひとつでしょう。元気をもらえるのです。

滝が2つ見え、右側が雄滝（おだき）、左側が雌滝（めだき）です。中央に壇境神社が鎮座し、前面の屏風のように張り出した石壁が出現。少し登れば、落差40mの雄滝の流れの奥から眺める裏見の滝ともなっており、かなり近くまで近寄ることができます。水が霧状になって落ちるため、聞こえる音は雨音のよう。雌滝の脇にある湧き水は、地元では長寿の水、勝者の水として信仰され、島の闘牛大会や相撲人会に出場する人は、この水を大会前夜に汲み、身を清めてから大会に臨むそうで、まさに石（いわ）清水といえます。

このほかにも無数の滝に巡り合えるのが、隠岐の山間部です。隠岐は水に恵まれた豊かな島ということが実感としてわかります。このために神話や伝説が生まれるのでしょう。

2―5　神楽のいろいろ――石見神楽をベースとして

島根県民に共通する伝統芸能が神楽です。一体感を持つためには共通の神話のような体験、文化が必要です。このような位置づけのひとつが、神楽となります。

「神楽（かぐら）」とは、「神座（かみくら）」からきた言葉で、神を迎える座を設けて神に降りてきていただく祭事であったといいます。神楽には、大きく分けて２つの性格があります。

ひとつは、毎年夜を徹して、氏神様にて行なわれる「例祭」としての神楽。この祭りは、神迎えではありますが、氏子が神楽の実行の役割を担うこととなり、楽しみとしての神楽の性格が強くなり、主流となったのではないかと推測されます。

もうひとつは、「式年祭」と呼ばれる一族の先祖神を祀る祭事であり、神主によって行なわれていました。その際、神の意思を問うため、神がかりの手段が用いられてきました（この神楽はかつて神主によって行なわれていましたが、明治6年から明治政府によって神主の神楽への関与が禁止されているそうです）。

（1）出雲と石見、隠岐の融合――石見神楽、能、歌舞伎とのつながり

神楽の内容は変化し、各地域の個性が見られますが、根本にあるものは同じです。やはり、歴史の異なる地域の融合には、神楽の存在は重要です。子ども時代の元気のよい石見神楽の記憶に触発？されて、そのルーツである、佐陀（さだ）神能（佐太神社、松江）と本場の石見神楽、さらに出雲神楽、広島神楽の競演であるスーパー神楽を堪能しました。ここで、島根県内の神楽を出雲部、石見部、隠岐部に分け、特徴をみていきましょう。

▼出雲神楽――佐陀神能見学記

1600年の初め、松江市にある佐太神社から宮川兵部大夫が京都に行き、猿楽能の方式を学び、これを応用して佐陀神能として創り上げたといわれています。考えてみれば、島根には歌舞伎の原点でもある出雲阿国（いずものおくに）さんもいて、まさに神楽、歌舞伎という神様用の舞い（奉納舞い）のルーツです。神話の国、神在りの国と呼ぶにふさわしい貫禄でしょう。

神楽の元祖といわれる佐太神社の境内の神楽殿でおこなわれる「佐陀神能」は、本来9月の24日の大祭（御座替えというご神体の畳替え［ミニ遷宮］）に合わせて、神様に奉納するものだそうで

図2―18　佐太神社の佐陀神能

すが、松江市の観光協会とタイアップして、6月に120人限定で、一般公開するものだそうです。

行ったときはたまたま、どこかの団体ツアーの誘致？に成功したらしく、なんと定員オーバー、数百人があふれかえっていました。

神能保存会の会長さんと立ち話してわかったことは、400年前にここの宮司が京都で猿楽や能をベースに、神様に奉納する神楽を考案したということで、そう古い物ではない（「古事記」の時代からやっているものではないという意味で）ようです。この佐太神社から神話をベースにした、いわゆる出雲流神楽が出てきて、さらに石見神楽として発展、それが広島ほか各地に拡がったという位置づけでした。

内容は1時間ちょっとで、2つの演目（手草という ストーリー性のない舞いと、神楽の原型の神話の大和武というヤマトタケルノミコトを主人公にした駿河での草薙の剣の話）でした。出雲の地域では、特に佐太神社では、伝統を守って、大衆向けではなく神様向けに「神事」として行なっており、ユネスコの無形文化遺産にも２０１１（平成23）年に登録されています。

石見神楽

石見神楽（いわみかぐら）も神楽の様式のひとつですが、昔から石見地方において伝統芸能として、また日常の芸能としても受け継がれています。日本神話などを題材とし、演劇の要素を持ち地元では「舞（まい）」「どんちっち」（囃子のリズムから）とも呼ばれ地域のポピュラーな楽しみの一つです。

起源については諸説ありますが、室町時代後期には石見地方において既に演じられていたとも言われます。田楽系の神楽である大元神楽をルーツとし、出雲流神楽・能・狂言・歌舞伎などが影響を与えて演劇性を増し、現在の石見神楽が形成されたとされています。その後、広島県北西部へと伝わり、それぞれの地方において独自の変化を遂げ「芸北神楽」となり、北九州に伝えられた石見神楽は「折尾神楽」となり、地域の郷土芸能として定着しています。

神楽の流れの中で、石見の修験者が定着し自ら神主となり祭祀方式を修験流に加工、その後、どんどん新しくしていったのではないかと言われています。

図2―19　石見神楽の衣装

石見神楽はもともと、収穫期に自然・神への感謝をあらわす神事として神社において夜を徹して朝まで奉納されるものだったのですが、一般的な神楽のイメージとは一線を画した「軽快かつ激しい囃子と舞い」が特徴です。神楽面なしで舞う、清めや祓いの採物舞と神能（神話劇）とが分かれず、演劇性・エンターテインメント性を強めた大衆的な芸能として発展していきます。

その理由は、神事、縁起物を演じる出雲神楽と異なり、石見神楽はいろいろな題材を求め、観客が面白いと感じるものを取り入れ、鑑賞性を第一としているからだと思います。石見は観客も多いので、神楽を受け継ぐ社中は出雲部、隠岐部に比べ相当多いのです。

現在はこれに加え、東京ほか各地で行なわれる祭事や定期上演、競演大会、民間各種イベントへの出演等があります。石見神楽を観る機会は、年間を通して神社以外にも江津の有福温泉など神楽専用の舞台を常設している施設もあり、地元では無料で観られる場合も多くなっています。

隠岐神楽

隠岐神楽は祈祷と関連し、神社に属した神楽を演じる人々はいなかったそうです。島前に5家、島後に13家、それぞれ神楽と祈祷を行なう家があり、担当する地域の個人、神社の依頼により神楽と祈祷を行ないました。ただし、神社での大きな行事の際には、複数の家が協力して対応していました。明治維新と共に、祈祷は禁止され、この仕組みは崩壊しましたが、神楽の一部は民間神楽として現存しているそうです。

(2) 石見神楽の広がりと出雲神楽との違いと接点

筆者も子ども時代を出雲地区で過ごしたわけですが、石見神楽には、いろいろな思い出があります。小学校や町内などで何かあったときの出し物には、必ずといってよいほど、石見神楽の出張公演があった印象があるからです。

そのリズムと衣装の派手さ、雰囲気など子どもの記憶に深く入り込んでいるのでしょう。あの太鼓と笛、鼓の拍子はたしかに、われわれの何かを揺さぶります。昔の活力？ 源泉？ お宮のにぎやかさ？ チンドンヤの音色も一緒ですが、あきない懐かしい拍子でした。最近、島根ではこの神楽のリズムとしての幼児体験、記憶を利用した認知症の改善への試みがなされているようです。おもしろい試みで今後の展開に期待したいところです

▼スーパー神楽見学記

出雲の奥地の佐田町須佐（いまでは出雲市佐田）のスサノオホールで、なんと５８０人集めて、9時～16時半まで、９つの演題（各40分×９）という集中講義のような神楽競演を見学しました。これらは神事ではなく、大いに楽しめました。

春と夏に出雲、石見、広島の地域から5団体（島根だけでも２３０団体の神楽団体があるとか）が集まり、競演はすでに２００５、6年ごろから盛んだといいます。

演題はちなみに、荒神、天の岩戸、土蜘蛛という神話ものから、曽我兄弟、相馬城、鈴鹿山、黒塚、大江山といった、お化け物語まで多彩なものでした。全体に演出、娯楽性が十分で、手品みたいなトリック（お面や、衣服を瞬間的に変えることなど）なども工夫してあり、あきさせないものでした。

出雲、石見と続けて神楽をみた実感を少し述べましょう。わかったことは出雲の神楽とは異なり、石見、広島の神楽はおもしろいということでした。なぜか？　理由は簡単、出雲の神楽は伝統的な神事であるのに、石見や広島の神楽は人間（観客）に向いているからでしょう。

（３）神楽は究極のパワースポット？――石見と神話の接点は神楽？

石見神楽と一言でいいますが、昔から多くの社中、グループがあり、それぞれが独自性、ユニーク性、派手さ（アピール性）などを競っています。これは大きなエネルギーとなり、またコミュニケーションとして格別なトレーニングになるのです。

石見と神話をつなぐものとして、石見神楽は欠かせません。速い調子、華麗な衣装など、県西部では今も娯楽の中心。約50の演目のうち「天の岩戸」や「大蛇」、「八十神」など、「古事記」を題材にした演目は多くあります。

石見の子どもたちにとって、石見神楽はますます人気が高くなっているのです。神社や公会堂、祭りなどで開かれる神楽公演では、ちびっ子たちが舞台にかじりついて見ています。まさにここでは、神話のストーリーが幼い子どもたちから大人まで、世代を超えていまでも体で覚えている、身についたストーリーとして未来に伝えられています。

▼２章のまとめ

神話って思ったよりも、はるかにグローバルでパワフルだったのです。神話、古代のストーリー性と記憶の存在は、奇妙奇天烈な夢物語ではなく、事実と展開力による創造的で結構な物語だったようです。

神話の世界に示されているのは、渡来人の多さと融合の際立った多さです。もちろん神話は歴史ではありません。しかしそこにはグローバルな海流の影響により、中国大陸、朝鮮半島から、かなりの渡来人が島根半島地区、石見海岸地区、隠岐の島地区に来て神話にかんでいることが想定されます。唐、韓、などの地名に由来するもの、パワースポットや神楽などとして現代に受け継がれているものも多いのです。

神話と古代史を検証、ダブらせて考えることで、島根の中には発見、発掘のネタがいたるところにころがっているのでしょう。

3章　古代技術遺産から学びの里へ

——島根の逆襲ポイント（2）

島根、特に出雲と石見（いわみ）地域は、古代から近代にかけて各種金属資源が、世界でもまれなほど豊富に集積していた地区でした。その結果、この地域に金属、セラミックスに関する多くの技術シーズがたくさん残っており、その活用技術も密度濃く蓄積されていたのです。言葉をかえれば地域全体が数千年保存されている古代技術の壮大な博物館といってよく、まさに未来への古代技術の逆襲の可能性が拡がります。

今回、筆者らは機械・冶金の元技術者として各地域を再訪し、その視点でも歴史的検証ができる可能性が大きい、きわめて恵まれた地域であることを再発見しました。そのあらましをみなさんと共有したいと思います。

3―1　島根の金属資源は世界を動かす驚異的な量だった

出雲は鉄の国、石見は銀の国、これはかなり有名になっています。もともと日本列島は地震と火山が多いため、古代からどこでも鉄、銀、銅などの材料資源が世界レベルでも豊富で、関連技術も凝縮していました。そのような古代資源国の日本のなかでも、飛びぬけて産出量が多かった地区が島根です。なぜなのでしょう？　以下にその資源、技術、人材などについて、独自の視点で紹介していきましょう。

(1) 出雲は鉄の国、石見は銀の国――基礎体力は金属パワー

出雲と石見は、金属資源の鉄と銀、銅に数千年かかわってきた地域です。その背景を古代技術と併せてみるとさまざまな流れが見えてくるというのが、本章のモチーフのひとつです。

先ほどの第2章では、「神話の国島根」というお話をしてきました。みなさんは疑問に思わなかったでしょうか？　なぜ、壮大な神社がいくつもあるか？　なぜ出雲大社があんなに大きくできたのか？　神社は権力の象徴であるとともに、実は豊かさの象徴でもあるのです。では、その源泉はどこにあったのでしょうか？

人々が生きていくには、食糧と水がなくてはいけません。肥沃な土地と農耕ですね。しかしそれ

だけでは、飛びぬけた豊かさは得られないでしょう。島根に隠された巨大なパワーの源は、まさに金属資源であったのです。そう考えてみると、産業革命までの日本のパワーの源泉である技術集積と流通システムの歴史を改めて見出すことができます。

これらを掘り起こし、未来へつなげることを島根の潜在力のひとつと考えたいと思います。

(2) 資源としての金属・鉱石——どのくらいの鉄、銀、銅がとれたか

まずは、金属の役割と価値です。オリンピックでも金銀銅という具合に、貴金属としての順番は、古来から世界共通でこの順に価値があると考えられます。これは、金属のさび(酸化)にくさ、曇りにくいという貴金属の特徴を表わしているのです。その特徴は永遠の価値としての装飾だけでなく、貨幣、兌換価値にもなるわけです。

一方で鉄は、鋼鉄というがごとく、強靭である道具としての役割があります。実用的に食物を栽培、狩猟をする、漁業を行なうための道具には、鉄器が圧倒的な強みをもちますし、これは身を守るための武器も一緒です。

古代から島根には、その貴金属と鉄の資源が存在しました。それも肥沃な土地と安全な水とともに集中的に得られたわけで、これではグローバルに人が集まらない理由はありません。まさに豊かさの源です。

まずは鉄の話からはいりましょう。実は鉄といっても、強靭さを出している鋼（はがね）と鋳鉄は違います。島根地方での和鋼は、砂鉄を直接「鋼」にすることに特徴がある「たたら吹き」なので、日本刀ができてしまうほど強靭です。「たたら吹き」は、土製の炉の中で木炭の燃料で砂鉄を溶かして鋼をつくる日本古来の製法です（たたらについては後程少し説明しますが、弥生時代から行なわれていたといわれています）。

出雲、石見地方で、この「たたら吹き」が盛んだったのは、良質の砂鉄と炭になる森林資源が豊富だったからです。この地方は、古代から始まり江戸時代には日本の鉄の8割といわれるくらい、鉄生産量のほとんどを占めていたといわれます。

次に貴金属です。日本は東アジア随一の金、銀、銅の採掘地域であって、これらの金属は日本の貿易品として有用だったのです。以下に島根に関係する銀と銅についてふれます。

銀山は鎌倉幕府以前から明治に至っても国が直轄する場合が多かったのですが、その中でも島根県大田市の石見（大森）銀山は有名です。とくに17世紀の日本の銀産出量は世界全体の3分の1（その当時の日本の銀生産量の平均は年間200トン程度と推測されていた）を占めていました。石見銀山は、スペイン植民地（現ボリビアのセロ・リコ、世界遺産）と並ぶ銀産出地として西欧・中国でも有名になっていました。

最後に銅です。資源的に、その存在は地域的にきわめて偏在していますが、日本列島は古代から長期にわたり、銅の世界的産出国だったのです。チリで銅山が発見されるまでは、日本は世界一の産銅国であっただけでなく、少なくとも1920年ごろまでは世界第2位だったといわれます。鎖国時代の江戸時代においては日本の輸出物は銅も結構多く、当時の日本の全輸出金額の5、6%を銅が占めていました。島根の中でも出雲大社の裏山は、なんと古来からの銅山（鷺銅山）で有名だったのです。

3―2 鉄：たたらとふいご――砂鉄から日本刀まで

自然にとれる砂鉄や高品位鉄鉱石などの採鉱だけでは、まだ使える材料ではありません。次に鉄をとり出すための製錬・精錬から加工までのプロセス技術が必要になってくるわけです。古代における「たたら吹き」を中心に、当時最先端のこの技術を紹介してみましょう。

(1) たたら吹きとは――いきなり鋼をつくり刀ができるのが島根の古代技術力

「たたら吹き」は、英語では Tatara steel making method と呼ばれています。別名、「玉鋼《たまはがね》製造」や「ケラ押し法」と呼ばれるもので、“steel”とあるように、砂鉄からいきなり鋼をつくってしまうというすぐれた技術なのです。「たたら」の語源にはいろいろな説があり、これだけで別の本ができてしまうくらいなので、ここでは述べません。

通常、日本刀に使用されるのは「たたら吹き」によって直接製鋼された鋼（玉鋼）です。しかしこの玉鋼は、製鋼された全量に比べれば稀少であり、刀匠以外が入手することは難しいとされています。和包丁の一部には玉鋼を使用したものもありますが、これは格別に値段が高いものです。

たたら吹きの技術――火力の強さと鞴《ふいご》の工夫と人力

ここで、実際のたたら吹きの操業をイメージしながら、技術進化について簡単にみていきましょう。たたら吹き方式の変遷は、古代から中世においては、露天型の「野だたら」から屋根を備えた全天候型の「永代だたら」への移行、といった流れがあります。

弥生時代は風を送る「ふいご」がまだ作られていなかったために、自然風によるたたら炉で木炭の燃焼が行なわれていました。このため炉は風上に炉口を持つよう斜面などに作られ、炉口の反対側の炉内床の上に木炭と砂鉄が交互に層を成して並べられていました。炉口から火が付けられ、火が消えて冷えれば、鍛造に使える還元鉄が得られるのです。しかし、鉄の効率的な製造には圧倒的な高温が必要なので、たたら炉の高温化の工夫が必要です。ポイントは空気を適切に送り込むことで、それがふいごの採用となります。そのふいごを踏む人の動きをイメージして「かわり番子」などの用語が生まれています。

1回のたたら吹きで使う材料は、砂鉄が約10トン、木炭約12トン、粘土約4トンのイメージです。たたらの完成版では高殿（たかどの）と呼ばれる空気の流れを工夫した建屋の真ん中に粘土で炉を作り、木炭で火を起こし、ふいごにより送風します。そして火の様子などを見ながら、約30分おきに繰り返し砂鉄（原料）と木炭（還元材）の粉を追加していき、3昼夜かけて不純物をとりのぞいていきます。この技術は職人芸となっていて、村下（むらげ）とよばれる棟梁の指示ですべてが行なわれます。

(2) 日本刀と玉鋼、たたら関連遺産①——奥出雲地域：旧吉田村と旧横田町

奥出雲地方、特に吉田村（現在の雲南市吉田町）においてたたらが始まったのは鎌倉時代であるといわれています。中世までは前出した「野だたら」といわれる自然風を利用した移動式の製鉄法が行なわれていました。

近世に入り高殿を構えて操業ができるようになると、村内のあちこちで盛んにたたらが行なわれ、隆盛を極めるようになりました。全国で唯一、建物と外形が今に残って見学することができる吉田地区のたたら作業場では、1751年から操業が続けられ、1921年にその火が消えました。このことは、この地域全体のシステムがたたら吹き（製鋼）に最適であったことを意味しています。うっそうとした森林地帯のなかに残っている当時の建屋が菅谷高殿（すがやたかどの、図3—1）です。高殿式のたたら吹きが始まってから約300年あまり、製鉄の歴史の長さを思い高殿の中に足を踏み入れると、先人達が私達に遺してくれた歴史的、文化的遺産の偉大さを体感することができます。

たたら吹きに従事していた人達の職場や、住んでいた地区を総称して「山内（さんない）」と言

図3—1　菅谷たたら高殿（吉田）

図3—2　山内地区の元小屋（吉田）

います。たたら吹きの技術者達の日常生活がここで営まれ、技術者はもう一人もいませんが、製鉄で山内が盛えた頃を偲ぶことのできる町並みが残っています。

山内地区で、仕事から生活全般を含めて事務所的役割をしていたのが写真（図3―2）の元小屋です。天保末期（1830年ごろ）の再建ということで、造り、間取りは昔の農家と同じで、その当時の生活現場の面影が色濃く残っています。改造、補修を繰り返して現代に残っている静かな山内の中をゆっくり歩いてみると、昔の鉄をつくる作業やいろいろなことがイメージできます。

▼玉鋼の製造（実操業）見学記

日本独自の和式製鋼法として、旧横田町（現在は奥出雲町横田地区）で唯一実操業（日刀保たたら）が行なわれ、日本刀や刃金の素材を製造しています。日刀保（にっとうほ）とは、事業主体の名称で、財団法人日本美術刀剣保存協会の略称です。

日本刀の伝統技術を保存するため、たたらの操業は1月から2月にかけて、空気の乾燥している時期に年間で数回行なわれるだけです。操業の見学は私的操業ということもあり人数制限があって、なかなかできないのですが、幸いにチャンスがあり、真冬の雪が多い時期に見学する機会を得ました。作業は全部で3日間の工程ですが、見学したのは最後の2日間です。

まずは、炭と砂鉄を入れる作業を見学しました。これは製品（鉄の塊である鉧［ケラ］という）を取り出す前日の夕方に行なわれました。高熱のなかで砂鉄と炭の粉末が反応し、ふいごの風のリズム（やまたのおろちの息ぶきのような声にきこえたものです）とともに実反応が行なわれているのを実感します。

翌朝は早朝、雪のなか作業場に着き、5時過ぎには高熱の輻射と土煙を浴びながら炉の崩しが始まりました。あっという間に赤く輝く鉧が路床に残って露出した状態になりました。幅約1m長さ約4mで厚さ約50㎝の塊であるが冷えるまでの間、一旦宿に戻り、朝風呂と朝食後の8時半過ぎにもう一度作業場へ行きます。まだ暗赤色をしている鉧を、今度は路床から破砕場まで、まだ熱い鉄塊がずるずると引きずり出てくる様子を感動的に見学します。

図３―３　日刀保（にっとうほ）たたら作業場の入り口

雪深い小屋での、黙々とした、高熱のなかの作業でした。むかしは原理などがわかっているわけではなく、砂から

図3―4　奥石見の今佐屋山製鉄遺跡

鉄がとれるというのは、特別の神秘的な出来事だったのでしょう。

(3) 日本刀と玉鋼、たたら関連遺産②
――奥石見地域：今佐屋山と出羽鋼

出雲のたたら吹きが有名なために、一般的にはあまり知られていませんが、石見のほうも、銀だけではなく、古代6世紀頃から名だたる製鉄地域でした。

石見の瑞穂（みずほ）町は、芸北・石見の境をなす中国山地の一番奥深い奥石見の山里で、かつて日本刀の素材として珍重された「出羽（いずは）鋼」を産する製鉄地帯です。古代の製鉄炉が見つかったところが、浜田自動車道の瑞穂ＩＣ敷地にある今佐屋山（いまさやま）製鉄遺跡です。

この遺跡地帯は、山を挟んだ芸北のたたらと一体となって「永代たたら・高殿」を中世に確立、この形式は、後世、江戸期になると隆盛を極めました。

今佐屋山製鉄遺跡のまわりの谷筋には100箇所を越える多数のたたら跡が点在します。実際にこのあたりの集落をまわると、神社の一部には「たたら」の守り神金屋子神が合祀されている場合が多く、「生家（おぶか、うぶか）」という、金屋子神に関連する地名のある集落も残っている興味深い地域です。

この一帯は古代、大陸・朝鮮半島に近い場所ともいえ、製錬・精錬技術において出雲との関係、石見の銀鉱山との関係など、興味がつきません。古代日本の採鉱・冶金が大陸・朝鮮半島からどんなふうに、どんなルートで伝来し発展をとげたか、これも歴史のなぞ解きミステリーのひとつでしょう。

(4) 日本刀と玉鋼、たたら関連遺産③——玉鋼と和鋼記念館

たたらで吹いた和鋼（わこう）の塊である鉧（ケラ）をこぶし大に砕いた中で中央部の一番よいところを「玉鋼（たまはがね）」と呼びます。玉鋼は当時の鉄鋼材料としては純粋な素材と言え、極めて不純物が少ないので鍛接しやすい、粘り強いなどの特徴があり、日本刀の制作にもってこいの原料だったのです。

おもしろいことに現在の鋼と比較した場合、酸素（O）を多く含む特徴があります。しかしこの

ことによって鋼中に酸化物系介在物が多くなり、折り返しの鍛錬によって微細に分散して日本刀を粘り強くしたり、綺麗な肌模様をつくったり、砥ぎ性を高めたりする優れものとなっています。

玉鋼は軍刀用として１９４５年、第二次大戦の終戦まで使用されていましたから、たたら炉は結構最近まで実用的に操業されていたのです。このような和鋼の技術を保存し後世に伝えることを目的として、和鋼の博物館を安来に作ることが計画され、１９４６年に企業博物館として和鋼記念館が開館しました。設立当時の建物は大変風情あるもので、筆者は気に入っていたのですが、現在は立て替えられています。

安来市では、和鋼記念館の重要有形民俗文化財２５０点を含む収蔵資料移管をうけ、日本の伝統的製鉄法「たたら」に関するわが国唯一の総合博物館（和鋼博物館）を新設し、開館したのです。館内には、和鋼の製鉄用具の展示や映像、体験コーナーがあり、たたら吹きなどの製鉄技術とその歴史・流通システムなどを広く紹介しています。

３―３　銀などの製錬・精錬技術――産業遺産というより自然システム遺産

石見銀山（正確には石見の「大森銀山」だが、ここでは石見銀山と総称する）は１５２６年に九州博多の豪商、神屋寿禎（かみやじゅてい）によって発見されて以来、約４００年にわたって採掘されてきた日本を代表する鉱山遺跡です。

日本の対外貿易史で、銀の果たした役割が重要であったといわれますが、技術の伝来も興味あるところです。ちなみに16世紀後期の朝鮮では日本の銀の流入により密貿易が横行し、これを規制するほどだったといわれています。

(1) 海外における銀の貿易と技術とは

当時、中国では銀による納税が定められていたため、銀の需要が増していました。スペイン・ポルトガルは銀による中国との交易を望んでいましたが、日本の銀を密輸する集団に参入することで、中国との交易ができたといわれています。

その後イギリス・オランダも日本との交易を始めますが、17世紀はじめ頃の外国の文献などには、「ソーマ(Soma)銀」(石見銀山のある場所は当時佐摩[さま]村と呼ばれていました)と呼ばれる上質の銀が輸出されていたことが記してあります。

▼銀の採鉱、精錬技術の流れ——400年の進歩とフォローアップ

銀鉱石を構成する鉱石鉱物には、自然銀(Ag)、輝銀鉱(Ag_2S)、濃紅銀鉱(火閃銀鉱)(Ag_3SbS_3)、淡紅銀鉱(Ag_3AsS_3)、角銀鉱(AgCl)などがあり、硫黄(S)とアンチモン(Sb)、ヒ素(As)などと一緒に出やすい傾向がうかがえます。しかし、石見の大森銀山では、ヒ素などの毒性成分がほとんど含まれず、鉱山の水がそのまま飲用になります。こうした人間にやさしい自

然条件も、この鉱山が長い間隆盛を誇った要因と考えられています。

銀の精錬方法の灰吹法（はいふきほう）は、飛躍的に銀の回収率を上げるものとして石見銀山で使われていました。この技術は、文字通り銀鉱石から銀を吹き分ける方法で、朝鮮半島から招いた慶寿（けいじゅ）と宗丹（そうたん）という2人の技術者によって導入されました。国内では石見銀山が最初とされています。

この技術によって銀の精錬技術は飛躍的に発展し、日本は良質の銀を増産し、東アジアにおける経済の変革と東西文化の交流を導きました。その後、この灰吹法は生野（いくの）銀山や佐渡（さど）金山などの全国の金銀鉱山に普及したのです。このことが、石見（大森）銀山が日本鉱山技術発祥の地と呼ばれるゆえんとなっています。

▼灰吹法による銀の製錬工程とは

灰吹法（はいふきほう）が石見銀山に導入された当初、鉄鍋を使っていたことが、発掘調査によって明らかとなっています。その時代、大変貴重だった鉄器具が鉱山道具に使われていて、出雲・石見の鉄生産の歴史とだぶってきます。

つまり、製錬の共通技術としての火と風のつかい方だけでなく、鉱山開発の土木工事（坑道、縦穴、横穴［水抜き、ポンプ］）にも技術は横展開しました。さらに鉄製品の使用などにより、作業の大幅な効率化をもたらしたと考えられます。

図3—5　灰吹法に使用する要石(かなめいし)

それでは、具体的な灰吹法の工程をみていきましょう。

工程1として、銀鉱石を銀成分の豊富な部分のえり分け（選鉱）をします。具体的には凹みのある「要石（かなめいし）」（図3—5）の上に載せて、かなづちで砕き、水の中でゆすりながらより分ける作業です。

工程2では加熱して溶融し、合金をつくります。いわゆる素吹（すぶき）であり、細かな銀鉱石に鉛とマンガンなどを加えて溶かし、浮き上がる鉄などの不純物を取り除くことで貴鉛（きえん：銀と鉛の合金）という母合金を作ります。

工程3が灰吹・清吹（はいふき・きよぶき）で、銀を溶かす鉛を用いて鉛分だけを灰に吸収させるものです。すなわち銀を多く含む貴鉛を「灰吹床」で加熱して溶かし、灰へ染み込ませ、灰の上に銀だけが残るよう分離させることを繰り返し、灰吹銀の純度を上げるのです。

筆者も大学の冶金実験のときにこれを行なったことがありますが、あら不思議、見事に灰の上に銀の粒が出現し、マジックのように感じたことを思い出しました。原理がわからないときは、まさに錬金術と見えたことでしょう。

(2) 石見銀山——世界遺産の存在価値とエコ精神

石見(銀山)が、銀を基軸にした日本国内の物流や東アジア交易において重要な役割を果たしていたことは明らかです。世界遺産として世界中で鉱山関連史跡が10カ所以上登録されていますが、石見はその中でも特別視されています。というのも、ほかの遺跡は鉱山自体と製錬所などの施設(ハコモノ)のみが対象ですが、石見には運搬路や積み出し港なども含まれており、採掘・生産・物流という一連の流れをシステムとして持っているからです。

また石見周辺は自然環境が豊かだという点も、登録審査の最終段階で評価されたといわれます。海外の鉱山遺産は掘削した状態での荒れ果てた裸山といわれますが、石見は森に覆われています。これは江戸時代から植林を行なってきたからで、森林の涵養力は坑道掘削時の涌水軽減にもなります。当然のように製錬の際の火力と炭素としても使え、日本人のエコ精神が世界遺産に反映された自然システム遺産でしょう。

図３―６　石見（大森）銀山の街並み

図３―７　石見（大森）銀山の間歩（坑道）の例、No. 517

石見銀山をあるくと、いろいろ見えてくる歴史と技術

石見銀山の間歩（まぶ＝坑道）群は600以上もあり、「龍源寺（りゅうげんじ）間歩」をはじめ、「釜屋間歩」、「新切間歩」、「大久保間歩」、「福神山間歩」、「本間歩」、「新横相間歩」の7つの間歩が国の史跡として登録されています。

また、付近には露頭掘り跡もたくさん残されています。ここでは、代表的なもの以外に、写真のような名も知れない間歩が数百もあり、番号で管理されています。これらをたどるのもまた一興です。

▼石見の守、大久保長安の発想と悲劇

石見守大久保長安（おおくぼながやす）は興味深い山師で役人です。1545年猿楽師の大蔵太夫十郎信安（おおくらだゆうじゅうろうのぶやす）の次男として生まれました。甲斐武田の蔵前衆から武田氏滅亡後、徳川家康に見いだされ、関が原の戦いに勝利した徳川家が石見銀山を天領とすることになった慶長6（1601）年、初代石見銀山奉行に任じられました。

その卓越した知識と経営的手腕によって、江戸時代初期のシルバーラッシュをもたらしたことで知られています。開発した大久保間歩は、石見銀山では最大規模を誇っています（予約すると見学もできます）。

その後1603年に佐渡奉行、次いで伊豆金銀山奉行を兼ね「天下総代官」と言われました。

これらは全て兼任の形で家康から任命されていますので、長安が直接在任地へ赴くことはほとんどありませんでしたが、石見へは都合6回も訪れています。このことからも、彼が石見銀山を重視していたことがうかがえますし、石見を中心にした島根の寺社のなかに、彼のさまざまな足跡や寄進が見られます。

晩年、全国鉱山の金銀採掘量が低下してしまい、代官職を次々と罷免されていくようになりました。1613年、脳卒中のために駿河において69歳で死去、お墓は銀山遺産の中をはじめ温泉津（ゆのつ）町の愛宕（あたご）神社、恵洸寺（えこうじ）にも墓碑（再建もの）が残されています。

しかし、彼の死後に悲劇が待っていました。長安が金山の統轄権を隠れ蓑に不正蓄財をし、そのうえ謀反を企んでいたという理由で、7人の男児と腹心は全員処刑され、その家財は残らず没収されてしまったのです。これが大久保長安事件ですが、幕府内の陰謀という説もあるミステリーですね。

(3) 銀の道から奥石見はわかりやすい自然公園

いわゆる石州街道「銀の道」には、銀の積出港に向けて石見銀山の中心地であった大森の街より日本海へ抜ける道と、瀬戸内海へ抜ける道とがあります。日本海へは鞆ヶ浦（ともがうら）に向かう「鞆ヶ浦道」と、温泉津（ゆのつ）の沖泊（おきどまり）に向かう「温泉津沖泊道」。一方、瀬戸内海へは宇賀までは同じ経路で進み、尾道に向かう「尾道道」と、笠岡に向かう「笠岡道」とに分かれます。

「銀の道」――国内の流通経路をたどると

銀山として栄えた大森町の町並みから始まり、間歩（まぶ）と呼ばれる坑道、そして製錬所跡やそれらを統治した戦国時代の山城跡が残っています。健脚の人なら運搬路の「銀の道」を歩き日本海側まで抜けてみるのも一興でしょう。

実際に行ってみると、一見すると何の変哲もないただの入江が沖泊港という積み出し場で、ここから16～17世紀の銀本位制だった世界経済の大半を占めた石見銀が世界に向け輸出されたという話は、にわかに信じられない気持ちになります。石見銀山の開発初期は、鞆ヶ浦が銀の積出港であったのですが、その後、同じ日本海にある温泉津の沖泊が銀の積出を担うようになり、「温泉津・沖泊道」が利用されるようになるのです。余談ですが、その港の近くにある温泉津（ゆのつ）温泉は労働者の憩いの場だったようです。温泉街としては唯一の世界遺産に繋がって昔の風情をそのまま残している場所です。

徳川江戸幕府の初代銀山奉行に着任した大久保長安が、陸路で、より大量の銀を運び出せるように、中国山地を越えて尾道の港までの道を整備し、瀬戸内海にある尾道の港が銀の積出港としての機能を担うようになったのが上記した「尾道道」と「笠岡道」です。石見銀山からの瀬戸内海への銀の輸送は幕末まで行なわれました。これらの道は、いまでも当時の雰囲気を残しているところがたくさんあります。

石見銀山が世界遺産に登録され、石見地域も少しはにぎやかになったのですが、この地域だけでなく最近急速に注目されている銀山地帯があります。それは邑南町（おおなんちょう）に存在する「久喜・大林銀山地区」の銀山遺跡で、熱い歴史スポットになりつつあります。こちらについては5章の隠れ未来里の候補の項で述べていきます。

3―4　銅：すべての始まり――日本の繁栄といろいろな資源たち

大森銀山（石見銀山）を発見するきっかけが、出雲の銅山にあるという極めて興味深い話を聞き、それを少し追いかけてみました。そこでわかったことは、島根は巨大な銅の産出地域だった可能性でした。

(1) 銅の基本技術――渡来した新羅？の鉱山技師

銅についていえば、お手軽な自然銅をとる時代から銅鉱石である硫化銅（Cu と硫黄の化合物）の製錬採取が主流になります。さらに品位が落ちて貧鉱化すると、硫化物、鉄との混合物で精錬法はさらに複雑になり、いわゆる近代製錬・精錬方法が必要になっていきます。

現在でも銅は化学的にも産業的にも貴金属に属しますが、あまりありがたみは感じないのではないかと思います。銅は鉄やアルミニウムに次いで多く生産されているので、一般的な、ごくありふれた金属の印象が強いと思います。

しかし実は、製造上1トンの鉱石から抽出できる金属の量は、鉄鉱石が30—60％、ボーキサイトのアルミナが30—55％であるのに対して、銅鉱石は日本で利用していたもので1％（後年アフリカの巨大な銅鉱石地帯でやっと4—5％）という程度のため、手間や経費（エネルギー消費も！）は鉄やアルミニウムより高くつくのです。

ですから、品位の低い銅の精錬法は重要なのです。詳細は省略しますが、まず銅鉱を砕破し、優良な黄銅鉱のみを集めて焼き硫黄分を分離し、次にふいごで風を送り加熱し、含まれる鉄分の一部を炉床などの土の成分のなかに入れスラグ化させます。最終的に木炭で風と共に還元すると硫黄成分が飛んでいって、銅が残るという算段です。ただ、これらのプロセスが原鉱石の成分によっては公害を引き起こします。

▼日本の技術の底力と渡来技術の融合

奈良時代から平安時代にかけての銅の精錬法は、近世と原理的にあまり変わらなかったといえます。すなわち良質の銅鉱を選択し、炉を築き、鞴（ふいご）で送風し、大量の薪炭を費して酸化するという、新羅伝来の精錬法が、原理的に近世まで行なわれていたということも事実です。

大仏をつくる時代、渡来者たちの技術や経験とそれまでの鉄をつくる基本的な蓄積技術に加えて、わが国の技術が急激に発達し、大仏鋳造を実現させるほどにまで発展させられたとは、日本のその後の発展とも相まって興味深い歴史です。

７０８年、武蔵国の秩父で日本ではじめて産業となるレベルで銅が発見されたことから、この年日本の年号は和銅となったといわれます。そのくらい価値があったのでしょう。銅を発見したのは新羅渡来の金上元なる者とされています。秩父の和銅遺跡の中心にある神社の中に大国主命を主祭神とする和銅出雲神社がありました。たぶん製錬・精錬技術の神様としてのつながりでしょうが、感慨深いものがありました。

▼銅精錬と銀の製錬、加熱技術など

銅の精錬については、先にも述べたように日本では古代からの方法が原理的に変化せず、近世においても使われていたのですが、これは銀の抽出とも絡んできます。

銅から銀をわけるキーの技術は、融点の差がある2種の金属の合金を加熱して、融点の低い金属を流出させる方法で、たとえば、銀を含んだ粗銅に鉛を加えて溶かすと、融点の低い鉛に銀が熔けこんで流出するのです。いわゆる抜銀法です。

古代でも今でもそうですが、銅の精錬にとって抜銀法は経済上かかせないものです。現代の銅精錬においても、銀の回収は、高い銅精錬経費を引き下げるために、きわめて大きな意義を持っています。余談ですが、昔の銅製品は銀が抜けてないので、価値があるかも……ですね。

この方法は、石見銀山に伝えられた灰吹法の原理を応用したもので、1519年に別子銅山の採銅時に住友家が導入し、花ひらいた技術だといわれています。石見銀山と日本の巨大銅山との技術のつながりを示していて、興味深いものです。

(2) 鷺鉱山——日本最古の出雲の銅山と大国主命

既に述べたように、1526年神谷寿貞は鷺浦に向かう途中、石見で輝く山を発見し、鷺（さぎ）銅山主の三島清右衛門（みしませいうえもん）と共同で発掘したのが、石見銀山の発祥となったと伝えられています。島根半島が銅の生産地であったことがそのきっかけとなったのは間違いありません。

かつて鵜峠（うど）銅山や美保関近辺から純度の高い自然銅が産出されていて、その流れとして鷺銅山があります。おもしろいことに、この銅山は出雲大社のまさに真裏に位置する、神社の山そのものなのです。

そうなると、時代的なマッチングさえ確認できれば、いろいろな謎が解決できそうです。たとえば、大国主命の別名「大穴持神」の意味するところは鉱山のオーナーという解釈もあり、鷺地区にある神社は出雲大社の摂社で、さしずめ銅山の管理者という見方もできるのです。

また、大国主命の異名「八千矛神」は、たくさんの鉾を持った神だったことを意味し、出雲大社本殿の位置を考え合わせると、銅山はまるで御神体です。この福の神（大黒様）が持つ「うちでの小槌」のなかには、製錬・精錬のプロセスノウハウが山ほど詰まっていたのでは、というように妄想は膨らんでいきます。実際、出雲大社の奥の山は銅と各種鉱物の宝の山だったのですから。

また、大社町杵築の「杵」は鉾を意味するため、杵築で鉾を鋳造したのでは、と考えることもできます。荒神谷などから銅剣、銅鐸が大量に出土（すぐ後で述べます）した背景もこれで理解できるかもしれません。出雲大社のパワーの源泉は銅や銀だったという仮定です。行ってみるとわかるのですが、鷺銅山に通じる道は出雲大社本殿のすぐ脇を通るより他にないのです。出雲大社の設立意味はまだまだ奥が深いといえます。

出雲大社を出現させた出雲の財力、大和朝廷におそれられた理由……独断的に言うとこの地域の金属技術とも大いに関係がありそうです。

図３―８　鷺鉱山（銅）：日本最古？の出雲の銅山

(3) 山ほどの銅剣《どうけん》と銅鐸《どうたく》——荒神谷遺跡、加茂岩倉遺跡

昭和の終わりに、出雲市斐川町の荒神谷（こうじんたに）で銅剣《どうけん》がザクザク、また銅鐸《どうたく》と銅矛《どうほこ》も続々と出てきました。さらに近くの加茂岩倉（かもいわくら）遺跡からは銅鐸が大量に出土しています。これには歴史学者、考古学者などがみなびっくりしました。銅剣は、それまでに日本全体から発見されてきたものの総量より多い本数が1カ所から出てきたからです。

古い時代にこの地域に栄えた文化圏があった証拠となります。実際に荒神谷遺跡、加茂岩倉遺跡に行って発掘現場を見ると、古《いにしえ》の姿と人々の暮らしがしのばれ、まさに古代の歴史ストーリーを実体験できます。発掘された遺跡と銅製品について少し解説しておきましょう。

荒神谷遺跡

まずは荒神谷遺跡です。昭和58（1983）年、広域農道（出雲ロマン街道）建設にともない、斐川町を訪れた調査員が、田んぼのあぜ道で一片の土器（古墳時代の須恵器）をひろったことがきっかけとなり発見されました。

遺跡は、「出雲国風土記」では神名火山（かんなびやま）とされている仏経山（ぶっきょうさん）の北東、神庭（かんば）西谷にあります。翌年、谷あいの斜面を発掘調査したところ358本の銅剣《どうけん》が出土し、さらにその地点からわずか数メートル離れて、銅鐸《どうたく》6個と銅矛《どうほこ》16本が出土しています。

図３―９　加茂岩倉遺跡の銅鐸（モデル展示品）

神庭というのが遺跡発掘の場所ですが、遺跡の南側に「三宝荒神（さんぽうこうじん）」が祭られていることから、荒神谷遺跡と命名されています。

加茂岩倉遺跡

つぎに、加茂岩倉遺跡の銅鐸です。荒神谷遺跡の銅剣の発掘から13年後の１９９６年、隣接地域から39個の銅鐸が発掘され、再び島根は全国の注目を集めたのです。もともと出雲市に隣接する雲南市は、「ヤマタノオロチ退治」神話の舞台となった斐伊川の中流地域にあり、川を取り囲むように広がる山々など、豊かな自然に育まれた町があつまっている地域です。

今回の出土銅鐸は総数39個で、これも１カ所からの出土としては全国最多です。数の多さもさることながら、写実的な絵画を持つ銅鐸や、同じ鋳型で造られた銅鐸が多く存在することでも注目を集めました。
銅鐸を造った集団の中心地は、一般には近畿地方といわれます。しかし、加茂岩倉銅鐸には、近畿地方の工房や銅鐸出土地では見られない特徴を持つ銅鐸もありました。出雲地方の古来からの鉄冶金技術と自然銅などの銅鉱山の歴史的背景を考えると、出雲での鋳造は可能だったとも当然考えられます。
しかし、銅剣や銅鐸の銅の原料はどこのものを使っていたか、まだその証拠となる分析結果や鋳型は見つかっておらず、これらのつながりが議論されている状況です。いつだれがこの謎を解明するか楽しみです。

これらの遺跡から発掘された銅剣、銅鐸などの多くは国宝に指定され、出雲大社の近くにある「古代出雲歴史博物館」に展示されています。ここには、出雲大社関連、出雲国風土記関連のさまざまな資料や実物などが、その歴史的な解説やイラスト、映画などとともにわかりやすく展示されています。企画展のたびに何度行っても飽きないし、そのたびに脳細胞が刺激されるスポットになっています。

また、これまで島根の鉄と銀、銅についてみていきましたが、銀の精錬（灰吹）に必須の鉛も、

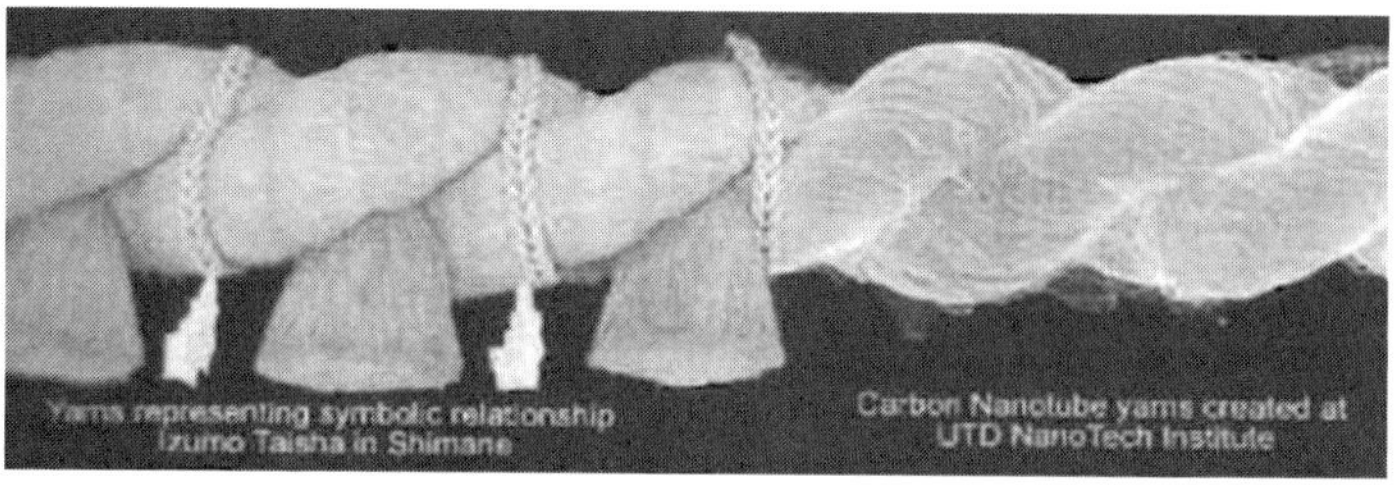

図３―10　神話のしめ縄(左側)とハイテクといわれるCNT(カーボンナノチューブ、右側)の結合写真(出典：テキサスワークショップのシンボルマークから)

すぐそばの五十猛（いそたけ）鉱山に存在します。といった具合に、徒歩、牛馬圏に金属をとり出すのに必要なほとんどの材料がそろっていたことが、実際に歩いてみてわかります。産業革命前の世界で、このような場所は世界的に珍しかったと考えられ、これらの技術蓄積は大久保長安によって佐渡はじめ日本全国へ広がっていくことになります。

(4) 伝統技術が未来技術と融合すると

資源鉱山の長年にわたる採掘は貧鉱化を招きますが、これは逆に技術を発展させることにつながってきました。こう考えると、これからの日本や未来の世界の生き方は、島根の生き方の後を追っている、といっても言い過ぎではありません。少し大げさですがグローバルにみると、現在の「資源国」の先行きは、日本を、そして島根を見習うことになりそうです。

島根における貧鉱化による停滞とそのピンチの克服のため、すでに各種技術の発展が波及効果を生みました。大量の採鉱とその分離、処理技術と省力化、高級化プロセスが、ポイントとなりますが、歴史的にインフラ技術がそろい、かつマネジメントも機能したモデル地区です。

そんななかで「島根の神話と先端技術はつながっている」と自信を持って語るのは、島根県産業技術センター長の吉野勝美さんです。思いが募って2008年には『出雲神話と先端技術』（コロナ社）という本まで出版されています。大学教授でベンチャーも創業してきた吉野さんは、認知症の進行を止める神話を使った器具を創っているイノベーターでもあります。

彼が勤務している産業技術センターでは、島根の歴史、伝統、状況を踏まえたハイテクとの結合により地元への貢献がなされており、今後も何ができてくるか、まるでおもちゃ箱のようなところがあります。

産業技術センターで見せていただいたのが、しめ縄とナノテクの結合写真（図3―10）。まさに歴史と先端技術の組み合わせです。これまでの蓄積技術から新しいイノベーションが生まれるのか？　技術の将来の可能性にどうつなげるか？　島根でしかできない技術移転の展開はあるか？　これらが地元の産学官における期待と課題となり大変楽しみです。

3―5　伝統のセラミック技術――土と石州瓦と焼き物

夕日に輝く反射光、島根の日本海側のすばらしい赤瓦は、見事な石州瓦（せきしゅうがわら）です。大田市から江津市にかけての地域では瓦の生産が盛んで、大田市（おおだし）水上（みなかみ）周辺と江津市（ごうつし）都野津（つのづ）周辺には、瓦工場が集中しています。この石州瓦の特徴は比類のない強度と耐久性ですが、ここではその伝統的に発達した技術と融合化を中心にみてみましょう。

（1）石州瓦と、そのルーツ、出雲との融合とは？

石州瓦とは、石見地方（旧石見国＝石州）で生産されている赤瓦のことです。三州瓦、淡路瓦と並ぶ日本三大瓦の一つですが、耐久性や強度に優れており、日本海側の海岸や豪雪地帯や北海道などの寒冷地方などに適しており、そういった地方でのシェアが高いのです。

現在は年間約2億枚が生産されていて、釉薬《うわぐすり》瓦では全国シェアの20％程を占めています。しかし、高価であることや建築様式の変化、素材などの大きな進歩で利用は減り、ビジネス上は新しい展開が必要となっているという側面もあります。

出雲地方でも石州瓦の家はステータスとされており、緑の築地松に囲まれた、どっしりとした母屋の上に燦然と輝く赤い石州瓦は、人びとの憧れに近いものがありました。

石州瓦と他産地の瓦との大きな違いは、原料となる粘土と釉薬です。石州の粘土は、鉄分の少ない粘土（白土）として地元の都野津（つのづ）層という300〜100万年前の海成、淡水成層からなる良質の粘土を使用しているので、高温で焼くことができ、焼き締まって、硬く、水を吸いにくく、寒さに強い瓦ができます。また、海岸付近に多い塩害にも強く、風化しにくいのです。

▼来待ストーン、石州瓦の釉薬《うわぐすり》は出雲から

また石州瓦の表面には、出雲石灯籠の原料である来待石（きまちいし、来待ストーン）の石粉が釉薬として使われています。来待石は1300度という鉄をも溶かす温度でやっと融解しますが、そのため石州瓦にはそれだけ耐久性もある（輝きを失わない）表面処理が施されているといってよいでしょう。

他の素材のほとんどは、この温度に上げるまでに割れてしまいます。いわば高温に耐えうる石です。登り窯での温度調整は大変な苦労があったと聞きます。今はトンネル窯となり、来待釉薬だけでなくさまざまな釉薬が使用され、色のバリエーションも多岐にわたっています。

この釉薬の来待石は松江市の宍道町来待（しんじちょうきまち）東西約10㎞、幅1～2㎞にしか産出しない擬灰質粗粒砂岩で、今から1400万年前ごろ山陰地方の地殻変動と風化した火山成岩石が堆積してできた石です。

300年ほど前、松平の殿様が石の真価を認め、藩外移出を禁じて以後、藩内専用の加工用として家の柱の土台、階段、飛び石、灯ろうなどの住宅建材から、手水鉢、石臼と、生活に密着した良質の石材として利用されてきました。廃藩後、来待石は造園に使う石灯篭、その他建材として現在に至っています。

その歴史と応用などを知るには「来待ストーンミュージアム」があり、ここでは石の匠たちの技

図3―11　来待ストーンの切り出し場

をオブジェや再現映像で紹介しています。

▼石州瓦の景観

夕日に輝く赤の反射光、石州瓦を景観として捉えてみましょう。日本の町並み景観は、おおむね温暖な太平洋側は銀黒系の町並み、寒さの厳しい日本海側は赤系の町並みに分けることができそうです。独特の赤い色の屋根の町並みや集落を山陰地方ではいたるところで見ることができます。この色は、すでに述べましたが、来待で産出される含鉄土石「来待石」を釉薬に使用することに起因するのですが、まさに石見と出雲との融合といってもよいでしょう。

海の青と港町の輝く赤瓦の対比の景色を楽しめる石州瓦は、特筆される耐久性だったことで、やがて各地にすばらしい赤瓦の風景を誕生させていきます。なんといっても大田から益田にか

図3―12　温泉津焼きいろいろ

けての石見海岸を走ると、その輝きはすばらしいものがあります。

(2) 石州瓦からの派生――温泉津焼き

島根には、さまざまな焼き物があります。石州瓦に代表されるセラミック技術などがルーツといわれます。ここでは石見の温泉津（ゆのつ）焼きをとりあげますが、このほかにも出雲の出西（しゅっさい）窯、布志名（ふじな）焼きと呼ばれる特徴ある焼き物もあります。

温泉津の土や長石、温泉津焼きの原点

石見焼きの一つが、アメ色が特徴の温泉津焼きです。その始まりは、江戸時代中期の１７００年代初期の宝永年間にさかのぼり、石州瓦の製法と似ています。すなわち高温用で焼き固める温泉津の土と地元の長石や出雲の来待

釉薬の組み合わせです。

当時、温泉津の町は石見銀山を中心とする幕府天領にあって、銀の積み出しや生活物資の搬入港として大いに賑わっていました。温泉津の焼き物は、その北前船で全国に運ばれ、大小の〝水がめ〟として、温泉津を含めた石見焼きのオリジナル陶器として大ヒットしたと言われます。

今でも、山形県の酒田や北海道の松前の古い屋敷を訪ねると〝アメ色をしたおおきな水がめ〟を見かけることがありますが、それが温泉津焼です。時代とともに瓶（かめ）の需要が減り、一時衰退しました。しかし、今でも陶芸家が集まり、3軒の窯元があります。温泉津に根を張り、現在は瓶だけでなく食器や花器などの芸術作品を創作しています。

稼動する中では日本最大級といわれる登り窯は、もともと水瓶などを焼いていたそうですが、放置していたものを修復し、現在では年2回の焼物祭りの時の火入れ、窯出しなどをへて、花瓶、湯飲みなどさまざまな物を焼いており、機械式の窯にはない、面白い作品がみられます。昔と同じ手法で炎が燃え上がるのを見学することができます。

（3）鏝絵――石見の瓦との関係

「鏝絵」（こてえ）自体は、左官が壁を塗るこてで絵を描いたものです。漆喰（しっくい）装飾の一技法とされて、古くは高松塚古墳、法隆寺の金堂の壁画にあるように長い歴史があります。

鏝絵は、静岡（伊豆・松崎）と九州の大分（安心院）が有名です。しかし筆者のひいき目でもあ

図３―13　石見の鏝絵の例（大森の西性寺）

りますが、石見の職人は研究熱心のようで、石見の鏝絵がもっとも立体的で迫力があると思います。

石見出身の左官職人「石州左官」の仕事としては、国会議事堂の天井やステンドグラスの周辺、また明治生命館の天井をはじめとする日本の近代建築にも技を残しています。今なお、語り継がれているようで、当時「左官の神様」と呼ばれた職人・松浦栄吉（図３―13、大森町の西性寺の鏝絵の作者）も、この石見出身の左官職人でした。

昔の石州瓦は高温で焼くためもあり、結構不揃いなことが特徴でしたが、これでは雨漏りがします。いかにうまく、瓦を整然と並べて、風雨に耐えるようにすることができるか？　高温で焼いた瓦はひずみが大きく、不均一、しかし丈夫です。このひん曲がった石州瓦をいかに活用するか。そこをカバーする（雨漏りしないようにする）のが左官の腕前だったと推定されます。

筆者の実家は40年程度前の石州赤瓦を使っていますが、最近雨漏りすることが多くなったのです。さっそく修理を頼んだところ、なんと「瓦が不揃いなので、漏るのは当然、すぐに瓦を交換すべし」との診断が出ました。はてはて、昔は漏らなかったが、瓦が年月とともに反り返ったのでしょうか？　これは考えにくい。直前に石見の左官がつくる鏝絵を見ていたので、問題の本質と解決のヒントが得られたのです。

結局、雨漏りの処理は、高価で貴重な瓦を変えることなく、漆喰をちゃんと塗る対応により完了しました。石州の左官職人はなぜ腕が立つのか？　その答えのひとつは石州瓦で、まさに逆境が創った左官の腕前ということでしょう（注：最近の石州瓦は大変均一で丈夫なことが売りものです）。

残っている鏝絵の所在地は石見地区が多いといえます。お寺と神社、豪農、豪商などの家の外壁に多く、個人で尋ねて行くのもよいですが、石見左官の鏝絵ツアーというのもあります。

（4）島根の「メノウと黒曜石」

いわゆる三種の神器のなかの玉、勾玉（まがたま）の材料であり、天皇が即位されたときと出雲国造の代替わりの時、朝廷に奏上した品物に「玉六十八枚（赤水精八枚、白水精十六枚、青石玉四十四枚）」があります。要するに赤メノウ、水晶、碧玉で、この中のメノウの主な産地が文字通りの玉造町です。また隠岐では、石器時代の必須材料として環日本海をまたにかけた黒曜石（こくようせき）が採れます。

玉造の花仙山――たまつくりメノウ採掘現場あと

弥生時代末から平安時代にかけては、貴重な勾玉（まがたま）や管玉（くだだま）の材料として、明治時代以降は装飾品や置物の材料として、玉造温泉街東側の斜面でめのうが採掘されてきました。現在は公園となったり、採掘跡などがあります。

一般にめのう（瑪瑙）とよばれているものは、鉱物学的には細かい繊維状石英の集合体です。めのうには白、赤、青、緑などさまざまな色をしたものがあり、碧玉（へきぎょく：ジャスパー）とよばれる宝石も、鉱物学的にはめのうと同じ材質です。

花仙山（かせんさん）西麓では、溶岩の多くが地下深くまで赤土になり、良質なめのうが産出しました。採掘は昭和50年代まで行なわれて、そこではいまでも穴の内部が整備されて、残されためのう脈も見られるようになっています（図3―14）。また遊歩道沿いの赤土中にも、よく見るとめのうの小さな脈がみられます。

花仙山の麓では、工房跡の玉造り遺跡が30カ所以上みつかっています。昔の装飾品として大規模な工房街があったものと思われ、資料館では多くの遺跡から出土しためのう製品（国指定重要文化

図３―14　花仙山のめのう採掘跡

図３―15　隠岐の黒曜石の矢じりなど（隠岐の島町「五箇創世館」の展示）

財）や道具類などもみることができます。またその下の史跡公園は、古墳時代の玉造り遺跡がみつかった場所のひとつで、玉造りの工房が復元されており、古代の玉造りを含めて手軽に楽しめます。

隠岐の黒曜石

隠岐島では、加茂、津井、久見の３カ所の黒曜石原産地が知られています。黒曜石は隠岐を代表する岩石の一つで、石器時代は矢じりなどの刃物系石器の材料として重宝されたのです（図３―15）。黒曜石とは、ほとんどがガラス質からなる流紋岩〜デイサイト（珪酸分に富んだ火山岩）の火山岩のことをいい、含まれる水の量で岩石の特徴が変わるため名前も変わります。色が暗黒または灰黒色で、貝殻状のわれ口を示し、水の含有量が少ないものを黒曜石と呼びます。

その石は旧石器・縄文時代、広範な地域へ搬出されました。山陰地方を中心に中国山地東部で主要な石材として、また山陰地方のみならず古代では重要な刃物系の道具となり、畿内や瀬戸内地域、さらには朝鮮半島やロシア沿海州にまで流通したことがわかっているグローバルな存在でした。

▼３章のまとめ

出雲の強大な力、それが生む巨大な建築物、歴史、神話を考えてみると、力の原点には、資源である鉄と銅鉱石の存在がありました。海流のぶつかるところに金属鉱物資源の豊富な島根半島が存在し、大陸の技術の導入が容易だったことが始まりです。それに加え、幸い奥出雲、石見地方の鉱山には毒性のある鉱物の含有が少なかったこと（水がよい）。食物も結構とれたこと。貿易のための良港もあったこともあったでしょう。もちろんそれだけでなく、渡来と固有の製錬と精錬技術があり、人間の基本を支える食糧と水（と住居）、肥沃な土壌、農業生産力の存在があった、と考えるとわかりやすいでしょう。

すでに見てきたように、伝統の金属関連ハイテク製品は安来地方を中心として、特殊な材料などが世界各国に供給されています。

島根には、産業革命前の高度な製品プロセス技術の壮大な技術遺産・自然融合博物館として歴史があります。それらを全部、体系的に学ぶことができます。

また今後は、資源枯渇国の生き方の手本として、いかに産業を発展させられるか、いかに低品位鉱石を利用するか、すでに消費され蓄積された稀少金属などをいかにリサイクルするかなどが問われており、その試みはすでになされています。

4章　自然の恵みと人々の再発見スポット

――温泉マイスター・唎酒師によるしまねの温泉と日本酒、人々

本章では、地元のことをよく知っている人も、知らない人もそれぞれに楽しめる内容を心がけました。これら自然の恵みほとんどは著者の兄弟が、ここ数年以内に足を運んで味わって改めて確認したことです。

テーマごとに不思議の謎解き、「へぇ」というような雑学などを現地で集め、人物伝を含めて整理してあります。「島根」を実際に旅行する際に、役立つと嬉しいです。

4―1　安らぎのリゾート温泉・ツアー――温泉を中心にしたリゾートの実力

日本列島は温泉天国ですが、島根の温泉は一味違っています。出雲の国風土記にも「神湯と薬湯」の記載があります。大黒様や恵比寿様、稲田姫などと同じ湯に入浴できる幸せを感じましょう。

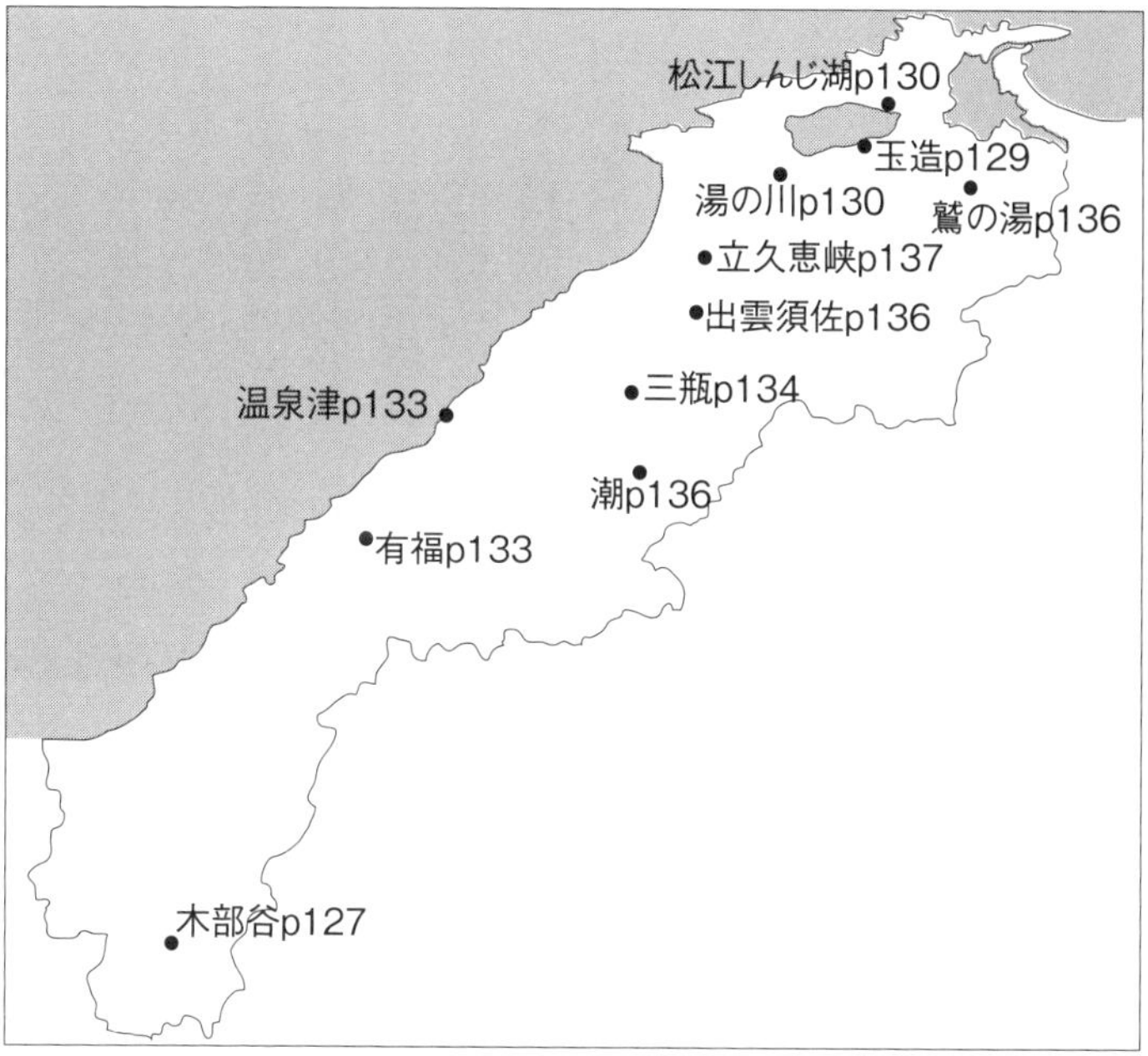

図４—１　　島根県温泉略図

神話を思い浮かべながら、神代からの物語をベースに、その特徴と効能を勘案して、自分に合った温泉を自由に選ぶことができます。

▼玉造《たまつくり》温泉(松江市)

「出雲国風土記」に「神湯」と記載があります。一般向けですが、マニアックな温泉でもあります。松江市玉湯町玉造にあり、城崎温泉や皆生温泉や三朝温泉らとともに山陰を代表する温泉地で、県下随一の規模と歴史を誇ります。泉質は硫酸塩・塩化物泉、源泉温度42度以上です。奈良時代開湯といわれる古湯で、神の湯として知られてきました。江戸時代には松江藩藩主の静養の地となりました。玉造温泉の

図4―2　玉造温泉　まがたま橋

長楽園《ちょうらくえん》には、日本一大きな露天風呂、広さ約120坪の庭園露天風呂があります。そのほかにも、それぞれの旅館には趣向をこらしたお風呂がずらりとそろっています。

▼松江しんじ湖温泉（松江市）

松江しんじ湖温泉は、宍道湖の北側湖畔に面し、湖岸深くから77度のお湯が湧き出します。泉質はナトリウム・カルシウム・硫酸塩・塩化物泉（無色透明微塩味・弱硫化水素臭）です。湖岸に面していろいろな旅館が並んでおり、四季折々に変化する宍道湖の贅沢な眺望を楽しむことができます。開湯は比較的あたらしく1971年ですが、松江市街地に接した便利な温泉です。

▼湯《ゆ》の川《かわ》温泉（学頭《がくと》温泉とも呼ばれる　出雲市）

宍道湖の西部、出雲市斐川《ひかわ》町の、三方を山に囲まれた田園地帯に湧く温泉で、神話の国出雲らしく、大国主命《おおくにぬしのみこと》と恋に落ちた因幡の国の八上姫《やがみひめ》が発見したといわれるほ

図4―3　温泉津温泉街

ど歴史は古いものです。いまでは龍神温泉（和歌山）、川中温泉（群馬）と並ぶ日本三美人の湯のひとつといわれます。弱アルカリ性でナトリウムとカルシウムのイオンを含み、お肌がしっとり、すべすべになるといわれています。美人の湯といわれるだけあって、温泉の成分には、肌を白くする効果があるとされるホウ酸が含まれ、女性には特に人気がある温泉です。

▼温泉津《ゆのつ》温泉（大田市）

温泉津（温泉の港［津］と書く）は古くから知られた温泉で、開湯は1300年前と伝えられ、戦国時代や江戸時代は石見銀山から産出される銀の積出港にもなったことから大いに栄えたのです。伝説によると、無住の坊に仮寝していた旅の僧が妖怪に襲われて切りつけられた際、血痕をしるべに山あいに入ると、古狸が湧き出る泉で傷を癒しているのを見つけた、それが温泉発見のきっかけであったといいます。

泉質は含土類食塩泉で、元湯＝49・9℃　薬師湯＝45・9℃、湧出時は透明ですが湯船では淡茶褐色を呈します。飲泉も効果があり、味はやや苦渋い。古くからその効能の高さが知られており、さまざまな難病に対する効能も報告されています。元湯泉薬湯は、なんと開湯時からの源泉を利用しています。比較的新しい薬師湯は2005年日本温泉協会の審査の結果、全項目「オール5」の最高評価の天然温泉として認定されています。

1974年公開の松竹映画『男はつらいよ 寅次郎恋やつれ』（吉永小百合）の舞台となったことでも知られます。開発があまり及んでおらず、昔の町並みをそのまま保存しているので古風な風情が残っています。平成16（2004）年7月、温泉街としては初めて「重要伝統的建物群保存地区」の選定を受けました。

▼泊まってためしてみた温泉津

温泉津温泉に泊まり、元湯と薬師湯を堪能してみました。〝古狸〟となって温泉津の古い街並みを感じ、温泉に浸って歴史や温泉の効用について考えてみました。そのようなことを考えてしまう雰囲気の温泉でもあるのです。

まずはこの温泉の地形的な位置です。いまではひなびた秘境ともいえる位置ですが、昔は石見銀山の積出港として、多くの人々が行き来した場所です。きっと鉱山や航海などで傷つき、極限ま

図4—4　有福温泉の御前湯

で疲れ果てた人々に薬効の高い温泉だったのでしょう。未来への展望として、今後は近代医学を補完するものとして、現代的なストレスや各種の現代病などに対応する治癒型の温泉として再発見されるのがひとつの流れと考えることができます。

実際に元湯という濁った熱い源泉に入ってみてそんなことを実感しました。もっとも2日間ぐらいでは薬効は少ないでしょうが、すくなくとも免疫力は高まりそうです。

▼有福《ありふく》温泉(江津市)

約1350年前、インドの仏僧・法道上人が発見したと伝えられ、地名は「古来、名湯が湧く、福ありの里」からきたといわれます。この石見の有福温泉は、出雲の玉造温泉と並んで島根ではよく知られています。源泉はすべて自然湧出で、無色無臭透明な単純アルカリ泉です。美人の湯として、また皮膚病、神経痛、リウマチなどに効くといわれています。

三方を山で囲まれた坂道の温泉街は、交通が不便なため開発が遅れ、レトロな町並みは、昔ながらのひなびた情緒を醸し出しています。歌人・柿本人麻呂が国司としてこの地に赴任したことから史跡もいろいろと残っています。湯の町のどまんなかにあるのは演芸場で「石見神楽」が土曜の夜には上演され、人気を集めているときききました。

明治・大正時代から続く共同浴場としてモダンな西洋建築のレンガ造りの建物が目を引く「御前湯」に入ってみました。建物外観を見ていると、とうてい「お風呂屋さん」には思えない洒落た感じの建物です。玄関を入ると、木製の番台があり、おばちゃんが座っています。壁には昔の有福温泉街の写真が飾られています。浴槽はタイル張りの浴槽がありアーチ型の窓がまたレトロな感じです。お湯は無色透明で、ほんのりと硫黄の匂いがします。源泉温度が高温で浴槽のお湯は少し熱め。人麻呂も同じ湯につかって和歌を考えたのか、と思ったことが記憶に残っています。

▼三瓶《さんべ》温泉（志学《しがく》温泉とも呼ぶ　大田市）

三瓶山の南麓（標高500m、大田市）の広大な裾野に湧く、効能の高さには定評ある高原の閑静な温泉です。1700年代後半の寛政年間の記録によると、「四岳の湯谷温泉」とあり、山の湯治場として賑わっていたとのことです。

図４―５　三瓶志学温泉

わずかながら鉄分を含むため茶褐色で、独特の炭酸臭・硫黄臭があり、肌触りの良い体が温まる湯です。昔懐かしい雰囲気を漂わせる「鶴の湯」「亀の湯」という共同浴場もあり、いずれも安くてのんびりとつかることができるお湯ですので、登山やハイキングの後に汗を流す人も多いようです。亀の湯の浴槽はとくに風情があります。「志学」とは、三瓶温泉の別名で、温泉街の中心に志学薬師湯があります。

三瓶山の付近に色々な個性の温泉が点在しています。温泉仲間で有名な、析出物がふんだんで日本一といわれる湯抱《ゆがかえ》温泉、また池田ラジウム鉱泉は、ラドン含有量日本一の温泉。神経痛・リュウマチなどに高い効能があるともいわれています。どうぞお試しあれ。

◆出雲須佐《いずもすさ》温泉(出雲市)

隣には神話パワースポットのスサノオノミコトが祀られている須佐神社があり、著者お気に入りの日帰り温泉のひとつです。白壁が美しい土蔵風の建物「ゆかり館」は、岩に囲まれた露天風呂からは周囲の緑が臨めて開放的です。泉質はナトリウム・カルシウム・硫酸塩・塩化物泉で、切り傷、火傷、慢性皮膚病、動脈硬化症ほかといわれます。須佐神社の七不思議「井戸の塩の湯」と共通かと思うと、すこしパワーが湧き贅沢な時間が過ごせます。

▼潮《うしお》温泉(美郷町)

江の川中流沿いにあり、温泉名の由来ともなり、塩分が多く含まれることが特徴の温泉です。含二酸化炭素・ナトリウム・炭酸水素塩・塩化物泉、源泉温度23・2℃で、お湯は少し泥色に濁ったべたつく感じもある濃い温泉です。加熱していますが、掛け流しで湯から上がった後もずっと温まっていたものです。古風な1軒宿ですが、立ち寄りもオープンで地元の人の交流の場にもなっているようで人気の温泉です(出雲地方の海潮温泉とは別です)。

▼鷺《さぎ》の湯《ゆ》温泉(安来市)

月山の麓、飯梨川の近くにあり、田園に囲まれた静かな天然かけ流しの温泉です。すぐ横には日本美術品と庭園で有名な「足立美術館」があります。鷺の湯温泉は、尼子時代の地図には「湯町」とあり、尼子の御殿湯として賑わったと伝えられています。しかし洪水が続き、埋もれていたのを明治43年、田の排水工事をしていると、湯が湧き出てきて、現在の鷺の湯温泉ができたのです。硫化水素臭、泉温51・6℃で豪華にゆっくりできるお湯です。

▼立久恵《たちくえ》峡《きょう》温泉(出雲市)

緑深い渓谷にたつ御所覧場《ごしょらんば》は、松江の殿様、不昧公《ふまいこう》の別荘地にちなんで名付けられた温泉です。泉質は炭酸水素塩泉で、立ち寄り入浴も可能、渓谷に面した露天風呂からは立久恵峡の雄大な景観が楽しめます。特に新緑と秋の紅葉時には眺望が最高だったことが、強烈な記憶として残っています。

▼木部谷間歇泉《きべだにかんけつせん》(吉賀町)

間欠泉とは一定の時間をおいて噴出する温泉ですが、この「木部谷間欠泉」はおよそ5分間、最大時には毎分400リットルの泉水が噴出した後、約25分の休止に入り、また5分噴出するの繰り返しです。全国の数少ない間欠泉のなかでも貴重なもので、吹き出た泉水は無色透明。空気にふれ時間がたつにつれて酸化し見事な茶褐色に染まります。この吹き出た泉水を源泉のすぐ下にある「松乃湯」で温泉を楽しむことができるということで挙げてみました。ナトリウム・カルシウム・

塩化物・炭酸水素塩泉です。

そのほかにも、多彩な温泉が存在しているのが島根の特徴です。たとえば、船通山の途中にある斐の上温泉は、雪のころの露天は最高ですし、出雲の北山温泉はすべすべのお湯、木次のおろち湯はゆっくりとおろちを偲ぶお湯であろうし……、挙げればきりがないところです。詳しくはしまね観光ナビの温泉情報のＨＰを参照ください。

4―2　日本で最初にできた酒――日本酒の原点とその展開

島根には、「出雲国風土記」に記載され、古い歴史を持った佐香（さか、酒に通じる）神社があります。

出雲の地はよく知られているように、ヤマタノオロチを酒漬にして退治したという伝説もあるくらい酒との関連が深い土地です。そのような歴史のある島根の酒の銘柄をほんの一部ですが、東から西へ島根を縦断するイメージで紹介します。まずは出雲地方から（李白から旭日まで）、次に石見地方（開春から扶桑鶴まで）、そして隠岐地方（隠岐誉）です。順番に飲んでヤマタノオロチになりましょう⁉

▼李白《りはく》(出雲)

松江のお酒で、あまたの中国詩人の中で一番星と輝いた唐の李白の名前を採用しています。酒を称えた詩をたくさんつくった李白は、酒を愛する人の気持ちの代弁者、命名は島根出身の元総理大臣若槻礼次郎氏です。若槻氏はロンドン軍縮会議に首席全権として臨んだ際、李白の菰樽をたずさえて朝夕愛飲したという逸話があるそうです。酒は出雲杜氏により名水石橋の大井戸を仕込水に使い、仁多地方の県産米等を使用し、優麗で飲みあきしない酒質を目指しているようです。甘口でキレがよく、食中酒が主体です。

▼豊《とよ》の秋《あき》(出雲)

五穀豊穣の秋から名付けられました。「ふっくら旨く、心地よく」をモットーに島根県産を中心とした酒造好適米から生まれる手作りの広がりのある旨味と、すっきりとした後切れの良い酒を目指しています。原料の米からは芳醇なお酒が醸し出され、地元の食と合わせて味わうのが一番、松江の食文化を支える酒です。

▼王禄《おうろく》(出雲)

松江市東出雲町の有名酒蔵です。自然のままの酒をお楽しみくださいということで、濾過をしない、火入れも極力しません。ブレンドを一切せず、できた酒は即刻瓶詰め。全量マイナス5℃の冷蔵コンテナーで保管して生詰です。これは本物の酒好きにはたまりません。あっという間に全国ブランドになってしまい、東京や大阪などの都会のほうが、飲むチャンスがあるという、お酒になっています。

▼月山《がっさん》(出雲)

安来の尼子氏の居城「月山富田城《がっさんとだじょう》」にちなんでの銘です。冷だとほんの少し甘味で、結構主張している酒です。緑豊かな自然環境に恵まれた中山間地の酒蔵で、創業は文政9(1826)年。広瀬藩(安来市)の藩酒造館として始まったという「月山」の風情そのままの酒です。

▼玉鋼《たまはがね》(出雲)

お酒にこの名前をつけた英断に敬意を表したいところです。酒蔵は簸上清酒合名会社(奥出雲町横田)で、ワインを中心に出品される世界最高権威の品評会「IWC」で、金賞、最優秀のトロフィー表彰などをうけています。出雲杜氏による奥出雲の清らかな水と、厳選された仁多米、手間を掛けたまろやかな香りと野太い味わいで、たたらのイメージがあるといってよいでしょう。

▼旭日《あさひ》（出雲）

出雲市の街中の酒蔵で、地方巡行の大正天皇（当時は皇太子）に随行の侍従長への献上酒が〝天下一品の美酒なり〟と賞賛され、「旭日」の揮毫を受けたことにはじまり、妙見の紋章「矢筈十字」の十字と旭日が合わさり、「十旭日」という銘柄が誕生しています。酒はコクのあるしっかりとした味わいと、後切れの良い喉越しが特徴。独特の芳醇な味わいのある長期熟成酒（古酒）の分野にも力を注いでいる、というユニークな酒蔵です。

▼開春《かいしゅん》（石見）

「石見銀山」の出港基地として栄え、日本海に面した天然の良港である石見の温泉津《ゆのつ》に、開春の醸造元、若林酒造があります。古来この地は北前船でにぎわい、明治期にも製陶業が盛んに行なわれ、この温泉のある港は多いに栄えました。現在は交通機関から見放されたこともあり、昔ながらの港が残っています（106頁参照）。この港に面した町並みの中に溶け込むように、少量生産の酒蔵としてあります。

島根県産の酒造好適米「神の舞」を使用した、米の旨みを感じながら飲み飽きしないスッキリとした辛口純米。中取りのみを使用したむろか生原酒などいろいろあるのも面白いが、原酒がおすすめ。超辛口ですが、旨みがあるのでそこまで辛く感じません。

▼環日本海《かんにほんかい》（石見）

海に面している浜田の地では、昔から海産物が豊富だったので、それらに合う酒をつくるため但馬杜氏を採用してきました。海産物との相性を求め、キレを求めた結果です。当地の郷土芸能である石見神楽の中で、大蛇を眠らすために出てくるような飲み飽きない酒です。なまえもグローバルでよいですね。

▼扶桑鶴《ふそうづる》（石見）

石見のなかでも最西部の益田の酒は、新鮮で豊富な種類の海の幸や蔵（桑原酒場）の近くを流れている高津川で獲れる鮎に合います。生活に溶け込んだ酒として純米酒が主力で、しっかりとした強い酒を造ります。低温で熟成させ何杯飲んでも「うまい」といえる酒となっています。たしかに口に含んだ時に広がる柔らかな香りと爽やかな喉越しは感激でした。

▼隠岐《おき》誉《ほまれ》（隠岐）

歴史と観光の島「隠岐」に酒造業を残すために、昭和47年に企業合同、隠岐酒造㈱が設立されました。酒名が「隠岐誉」です。水のおいしい隠岐の酒は（あたりまえですが）、隠岐の海産物と絶妙に合います。冬の日本海を吹き渡るシベリア颪《おろし》と「名水百撰」に指定された水の豊かな地での味をご堪能下さい。

4―3　島根のゆかりの人たち―道真、弁慶、人麻呂から森鷗外、雪舟まで

▼ラフカディオ・ハーン＝小泉八雲――ローカルとグローバル

「隠れ里」（30頁参照）への入村の模範となる心得を持った先人というべき人物は、小泉八雲かもしれません。

図4―6　小泉八雲の銅像

明治時代、時代の要請として西洋の文化を取り入れることが国家の大きな命題でした。そのような要請のもと、多くの「外国人」の先生が迎えられましたが、ラフカディオ・ハーンは程度の低い外国人教師とは異なり、日本人の精神・文化を肯定する態度をとったのです。

ハーンは、明治23年9月2日から松

江の尋常中学と師範学校で英語を教え始めました。他の外国人の多くは、日本人は野蛮人という前提で行動していたのに対して、ハーンはキリスト教一辺倒ではなく、日本の文化に興味を持ち、尊敬をしていることを表明していたといいます。出雲大社にもお参りして、西洋人としては初めて大社に昇殿を許されています。

ハーンは明治23年12月、松江の士族の小泉家の娘である小泉セツと結婚しました。数え年でハーン四十一歳、新婦のセツは二十三歳でした。その後、ハーンはセツの養父母と実母の面倒をみています。明治29年2月、ハーンは日本に帰化して「小泉八雲」を名乗りました。その後、早稲田大学教授になり、明治37年9月、心臓疾患で亡くなりました。54歳でした。

▼河合寛次郎《かわいかんじろう》

河合寛次郎は「無冠の人」といわれる陶芸作家です。２０１０年、生誕１２０年を記念し、島根県内各地で展覧会が開かれました。１８９０（明治23）年、河合は安来市の大工の棟梁の家に生まれました。成績優秀で島根県立第一中学校（現在の松江北高）から東工大へ。30歳で京都の窯を購入して作陶を開始しました。その後、76歳で亡くなるまでに大きく分けて作風が３段階に分かれます。

河合寛次郎が「無冠の人」であったというのはどういうことでしょうか。まず、中期以降のものからは、作品に河合寛次郎を示す「銘」がなくなったのです。銘がないと偽物が出回るという意見に対しては、「それが素晴らしければ、それも本物でしょう」と答えたとのこと。さらに、現世の、栄誉である文化勲章についても辞退しています。なかなか真似のできない、芸術家でした。

▼出雲《いずも》の阿国《おくに》

歌舞伎の始祖といわれる阿国は、伝承によれば出雲国松江の鍛冶中村三右衛門の娘といわれます。そのあと出雲大社の巫女となり、文禄年間に出雲大社勧進のため諸国を巡回したところ、評判となったようです。

阿国一座が評判になると、これを真似た芝居が遊女によって盛んに演じられるようになり、遊女歌舞伎となりました。その後、儒学を重んじる徳川幕府などにより、女性による歌舞伎は禁止され、その後少年による歌舞伎が行なわれるようになり、さらに時を経て、今の歌舞伎（役者が全員成年男子）に変わったといいます。

阿国は出雲に戻り、尼になったという伝承があり、出雲大社近くに阿国のものといわれる墓があります。旧暦4月15日（現在では新暦4月15日とも）が「阿国忌」といわれています。

▼菅原道真《すがわらみちざね》

菅原道真は平安時代の貴族、学者、漢詩人、政治家です。大宰府天満宮の「天神さん」、学問の神として親しまれていますが、実は島根県生まれです。道真の生誕地である松江市宍道町菅原にあ

図４―７　弁慶修行の地の記念碑（鰐淵寺）

るのが菅原天満宮です。

道真の父親が出雲国庁に赴任していた際、菅原氏の祖先である能見宿禰《にみのすくね》の墓をお参りしました。その際知り合った村の娘との間に生まれたのが道真です。６歳で京に上がるまでこの地で過ごしました。京都の北野天満宮において生誕地がぼかされているのはこの理由によります。

なお、現在の菅原天満宮の本殿は、松江藩の初代松平直政公が、寛文三（１６６３）年に造営したもので、いまも残っています。ちなみに能見宿禰の墓は、菅原天満宮の脇にひっそりと鎮まっています。

▼武蔵坊弁慶《むさしぼうべんけい》

弁慶は、鎌倉時代、源義経に常に寄り添って彼を助け、奥州平泉で立往生を遂げた人物としてよく知られています。弁慶は現在の松江市長海町で生まれ、さらに青年時代までを平田市の鰐淵寺をはじめ、出雲地方を舞台に修行し、生活していたと言い伝えられています（他県にも色々な伝説があるようですが）。

特に、旧平田市（現在は出雲市）の鰐淵寺は、弁慶が学僧時代に修行していた寺とされています。書道のために硯の水を得た弁慶硯の水の井戸（弁慶は字が非常に上手く、頼朝に出した腰越状は弁慶が代筆したという説もあります）、彼自身が描いたとされる自画像、大山寺から一夜のうちに運んだという大日寺の釣鐘、鉄製の重い負い櫃（修行僧が旅する際の必需品で背中に負って歩いたもの）、袂にいれていたという「弁慶袂の石」など、県内各地に色々な言い伝えが残っています。

▼柿本人麻呂《かきのもとひとまろ》（人麿ともいう）

歌聖・柿本人麿の生涯はナゾに包まれています。しかし島根の石見の地には多くの足跡が残っています。そして生誕の地と終焉の地が存在しています。

はっきりしているのは、日本最古の歌集・万葉集に、人麿がつくった多くの長歌、短歌が集録されていることです。時期としては持統天皇の681年から文武天皇の700年までとなります。

島根県益田市戸田町には古代から続く語家《かたらい》が現存し、この地を柿本人麿生誕・成長の場所として今に語り継いでいます。ここでは人麿を神として戸田柿本神社ができています。

古今和歌集の序文は人麿を歌聖と称えていますが、そう幸せとも言えなかったようです。その

図４―８　柿本人麻呂の像

昔、益田市中須沖には鴨山という島があり、そこには神社がありました。この神社は神亀年間（724～728）、没後間もない聖武天皇の勅命によって石見国司が建立したと伝えられます。ところが万寿３（1026）年石見西部を大地震が襲い、社殿は鴨山もろとも海中に没しました。後に人麿尊像が松崎（現在の高津浜寄り）に漂着したため、ここに社殿が建立され、以後655年間、高津柿本神社の地となったのです。

終焉の地については、鴨山をキーワードに石見各地にいろいろな言い伝えがあり、また斎藤茂吉や多くの知識人を巻き込んで論争が行なわれていますが、いまだ結論は得られていません。

▼森鷗外《もりおうがい》

森鷗外は津和野藩の典医の家に生まれました。鷗外は５歳で「論語」を学び始め、６歳からは

図4—9　森鷗外の実家

漢学の学習を始めたといいます。この時からすでに鷗外は素読の段階で意味を理解するという、神童の片鱗を見せていたのです。

津和野藩の8代藩主　亀井《かめい》矩賢《のりたか》は人材育成を重要視し、「養老館」と名付けた藩校を1786年開設していました。鷗外は7歳から「養老館」に入学。ここでも神童の名をほしいままにしたのです。また並行して、家では父から和蘭語を習ったといわれますが、親戚関係にある西周に触発されたこともあったようです。

10歳の時に、父に連れられ上京。西周邸に下宿しドイツ語を学び、12歳の時、年齢を偽り第一大学区医学校（現・東京大学医学部）予科に入学。14歳の時、医学校の寄宿舎に。15歳で本科生になり19歳で卒業し、陸軍に入隊。その後ドイツ留学などを経て、文筆活動も始めています。

図4—10　西周の生家

藩主であった亀井家には歳末、元旦には挨拶に行っていたといいます。60歳で肺結核のため死去。その際、有名な遺言「余ハ、石見人森林太郎トシテ死セント欲ス」を残した。津和野に対する思いは生涯変わらなかったのでしょう。

▼西周《にしあまね》

西周は、文政12（1829）年藩典医の家に生まれました。6歳から祖父より、四書を学び始め、12歳で藩校である養老館に入校。19歳の時、養老館の教授になり、朱子学の研究に専念したといいます。

オランダ留学を経て、慶応元（1865）年開成所（東京大学の前身）の教授に。明治12年に陸軍省に出仕し、明治13年に「軍人勅諭」の草稿を書きました（実際の「軍人勅諭」はこの草稿を大幅加筆変更されたもの）。また、明治憲法制定の際も、私案を提出しました。明治30（1897）年、68歳で死去。

▼雪舟《せっしゅう》

雪舟は室町時代に活動した水墨画家・禅僧で「等楊（とうよう）」と称しました。「雪舟」は号。岡山県総社市にて生まれ、その後京都の相国寺にて32年間禅の修業をしながら絵画を学びました。その後山口を経て、中国で絵画の勉強をして帰国。島根県には、現益田市内の萬福寺や医光寺に滞在し、絵画の作成し庭園を造りました。最晩年再び益田に戻り、この地で亡くなったため、お墓も大喜庵（旧東光寺）にあります。

図4—11　雪舟ゆかりの地、終焉の地の銅像

萬福寺の庭園は寺院様式の仏教の世界観を象徴した石庭で、池泉回遊式兼鑑賞式庭園と呼ばれる築山泉庭園です。医光寺の庭園は武家様式の池泉鑑賞半回遊式庭園です。

実際、両庭園を拝見しました。雪舟が寺院様式と武家様式を共にこなしたのがわかり、その多才ぶりを垣間見ました。言葉では表現できないくらいの素晴しさです。ぜひ見に行かれることをお勧めします。

▼4章のまとめ

著者は、温泉ソムリエとして、また温泉入浴指導員の資格を持つ、温泉マイスターでもあります。その視点からも（若干のひいき目はあるにしても）、全国各地の温泉と比べても自信をもってお薦めできる温泉が鈴なりなのです。

疲労回復、効能、泉質……島根のお湯の特徴は、素直で気持ちが良い単純泉が多いということです。単純泉といっても成分が少ないわけではありません。出雲、石見の源泉かけ流し温泉……長い歴史に裏打ちされ、人々に愛された、効能のある温泉が残っています。豪華版あり、安価版あり、いろいろな泉質を堪能し、日々の疲れを癒してみてください。

日本酒の唎酒師（ききざけし）については、その免状の発行主は出雲の佐香神社です。

島根の日本酒は、山の中のものと海側のものの2種類で、山側はこってりと豊饒な自己主張、海側は端麗な辛口です。食との相性で、島根の土地の産物に合ったものが生き残り、全国展開しています。さらなる美味への挑戦中の個性派日本酒をいくつかご紹介しました。ぜひ味わって下さい。

5章　長寿命を誇る人類最先端の未来里へ

――島根の逆襲ポイント(3)

少子高齢化、さらに日本の人口減少の時代には、都市から田舎へという人口の流れが生じる傾向が出ています。そこでは、高齢者が地域の中で元気に働き、節度を持って活動することが必要です。それが長寿命のメリットにつながることになり、需要が生まれ、若い人も住みやすく、働く場所が生まれるのです。これを島根の未来からの逆襲と考え、「未来里」の候補としての新たな広がりをみてみましょう。

5―1　島根の高齢化と長寿命化の現状と見通し

島根県の人口は2016年4月1日現在、69万人。これは、ほぼ静岡市、東京都の中では江戸川区が同規模です。島根県も50年前は90万人の規模だったのですが、その後、全国的な都市への人口移動があり70万人台を切りました。

（1）日本で一番ということは世界で一番の先端地帯

序章で述べたように島根県は高齢人口比率、出生率の低さ、死亡率の高さで「三冠王」です。日本で一番ということは世界で一番で、なぜ将来モデル地域となる可能性が大きいかを考えてみましょう。

日本の人口動向をマクロに見るとすごいことになります。今後大都市（東京）の高齢化率は増加し、２０４０年には２０１４年の島根県の数字を超え、その後も比率は増加する見通しもあるといいます。東京都は天井知らずの上昇をする可能性が高いのです。そのとき大都市である東京都は状況が大きく変化し「島根化」するのに対し、島根県は小規模の変化に留まるのです。

▼20年後の中国は今の日本、島根

ここで、グローバルな視点でこの現象をみてみましょう。欧州各国はいうに及ばず、東アジアの国の状況がまず目につきます。すでに日本がトップランナーですが、さらに日本全体が島根化して世界のなかで日本が世界を引っ張っていく構図です（図５―１）。

まさに、日本の状況、またその先をいく島根の重要性が実感としてわかっていただけるかと思います。

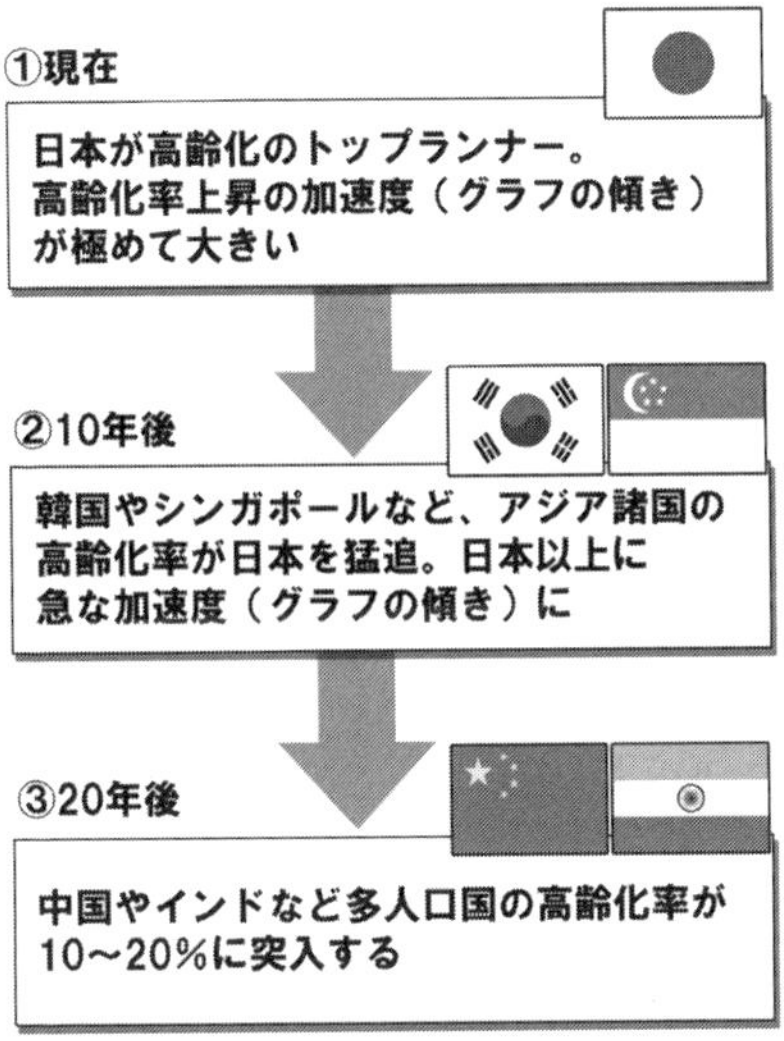

図５—１　今の日本が10年後の韓国、さらに20年後の中国へ
（日経ビジネス 2010-11-29号より）

（2）高齢化先進県のさまざまな施策、独自のトライアル、成果など

高齢者の問題は、齢をとっても社会・地域に必要とされているということが解決のひとつのポイントです。県庁の高齢者福祉課グループリーダーの尾原信幸さんは「自らがささえる仕組み」と強調しながら「生涯現役証」（図４—２）とそれにかかわる仕組みについて説明してくれました。

島根県では高齢者を対象にしたこのような施策をトライアンドエラーで実施中です。これらは近い将来、島根型スタンダードとして全国の指導的役割を担うモデルにもなりうるかと思われます。いずれ日本に留まらず、島根発の世界モデル（グローバル・スタンダード）ともなりうるのではないでしょうか。

▼島根だからできる長寿命化のためのさまざまな試行錯誤

高齢化対策の推進として、健康で長寿という観点と、その長寿命者を社会が必要としているという仕組み、仕掛けが必要です。島根はこれを着々と作りつつあるといえるのではないでしょうか。

島根県では「日本一の田舎づくり」を目指して県独自の施策として、地域が支えあう力を（再）構築・結集・認識してもらう活動を行なっています。これらについて少しみていきましょう。

まずコミュニティの存在が大切という観点からの地域を支え合う体制づくりです。すなわち活動の母体となる自治会（町内会など）の活性化とそれを実施する人材の育成を援助することです。その一つとして、島根県高齢者大学校（シマネスクくにびき学園）があります。ここには、県内在住の60歳以上の方を対象に総合講座と専門講座があり、地域活動への参加意欲と専門的知識を地域活動に活かす方法を体験学習を通じて学びます。修学期間は2年間で、ここを卒業された方々が後に「生涯現役証」を受け、地域の色々な活動を行なうこ

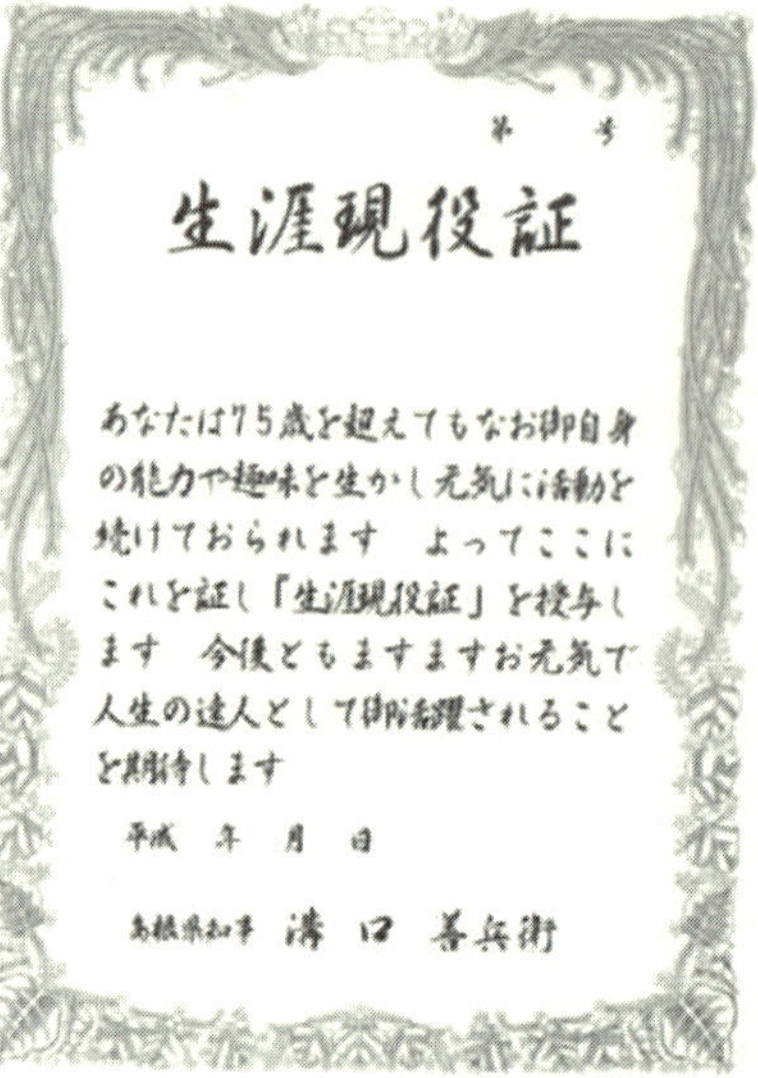
第　号

生涯現役証

あなたは75歳を迎えてもなお御自身の能力や趣味を生かし元気に活動を続けておられます　よってここにこれを証し「生涯現役証」を授与します　今後ともますますお元気で人生の達人として御活躍されることを期待します

平成　年　月　日

島根県知事　溝口善兵衛

図5－2　島根県発行の生涯現役証

とが期待されます。

▼「生涯現役証」片手に、元気で長生き、一生現役

健康で明るく長生きをするためには、本人が社会で活動することが好ましいことです。この観点から、個人に対する活動として、すでに述べた「生涯現役証」を県知事名で発行し認定（表彰状、携帯カード）するとともに、特典も付与されています。

具体的には、次の３つの要件を満たす方が対象です。

1　県内在住で満75歳以上。
2　生涯現役で活躍中の方。
3　農林水産業、商工業などの活動をされている方に加え、ボランティア活動、地域活動、スポーツ、レクリエーション活動、文化活動などに活動されている方。

「生涯現役証」による特典は、県内の協賛温泉施設での優待（料金割引ほか）が受けられ、33施設で対応（平成27年現在）。交付人員は２３００人弱となっているそうです。

個人個人は元気で社会に参加し、地域としてはサポート・活動組織としての自治会（コミュニティづくり）のさらなる活性化と、地道ではありますが大変有効な活動です。生きがいを持ち、元気で長生き、この思想で生涯を全うしたいというのは全ての人の願いであるでしょう。

（3）自立のモデル——長寿者をささえるコミュニティ

生活に際しては自立とコミュニティの存在が必要です。殊に、核家族化により、長寿命者の一人暮らしが増加している現状では、過度にもたれあわない自立／自律しながらの近隣地域の助け合いが必要となるのはいうまでもありません。

▼高齢化をささえる——コミュニティと自立モデルの重要性

身内（仲間）以外には閉鎖的であるが、ひとたび身内（仲間）になると助け合うという一体感（コミュニティのイメージ）は、昔に比べれば崩れてはきましたが、都会に比べれば田舎には残っています。このようなコミュニティは崩すことは比較的簡単ですが、一度壊れたコミュニティの再構築はきわめて困難といえます。コミュニティには煩わしい点もあり、若いときにこのような環境を少しでも経験していなければ創り上げるのは難しいのです。

こうした意味においても、島根には快適な生活のベースであるコミュニティが残っている点はきわめて有利で、良質のコミュニティ構築のポテンシャルがあると言えます。このコミュニティは高齢者のためだけではなく、若者及び子どもたちの生活にも大いに役立ちます。コミュニティのために多少の労力、知力の提供をすることにより、生活のいろいろな面の知恵とノウハウを得られるでしょう。

これにはまず自力で自分のことをやるという意思が堅固なことと、コミュニティのため、地域のため、ひいては日本のために何かをすすんでやる気持ちが必要です。そう堅苦しいことではなく、あたりまえの活動ですが「場」が必要となります。農村部では特に、若い人たちも積極的にコミュニティの活動に参加している島根は「先進地」であるとともに、将来の高齢化社会に対するモデル地区となります。

▼自立の例――健康のための農作業とのドッキング

高齢化率が高い状態で、何が必要かという観点で筆者の体験からの考察を述べてみましょう。高齢者が元気で長生きであることが、本人にとっても、周りの若い人たちにとっても最も好ましいのは言うまでもないことです。齢をとったからさあ若い人に面倒をみてちょうだいという姿勢では、若い人は逃げてゆくでしょうし、世間からも疎外されてしまいます。可能な限り、自分のことは自分で行なうことが必要です。そういう観点から、一生現役で事業をする、商売をする、公的業務につくことは大変結構なことだと思います。

しかしながら、多くの方々は定年と同時に年金生活に入ります。毎日が日曜日で趣味の世界に浸るのもよいかもしれません。けれどもたぶん人は、一生ルーチンワークが必要です。せっかく何十年かの仕事の後で自由時間が得られたのにと思うでしょう。しかしこの必要性は真実です。

毎日毎日、今日はどこに行って、何をやろうかと考え、旅行や、美術館、博物館、デパートめぐりをするのも最初は楽しいかもしれませんがこれも限度があるのです。やはり継続して何かをやること、「ルーチンワーク」が必要なのです。ルーチンワークを行なうことにより体調の変化などを把握できる利点もあります。家事も代表例ですし、体験的にお勧めなのが農業や庭の手入れという自然相手の作業です。

たとえば野菜を作るとすると、冬場には土つくりを始め、春になるとジャガイモの植え付け、大根、にんじん等の種蒔きが始まり、せっせと草取りをします。5月にはトマト、ピーマン、キュウリ等の植え付けなどと一年の段取りを考え、準備をすることが必要となるのです。そして自作の野菜が旬の時期に採れ、いただけるのは無上の喜びとなります。

これらは、ルーチンワークとしては最も良質な事柄のひとつです。多少サボっても自然は文句を言わないし、あとでの修正も可能となります。このように自然と暮らす人間は、メンタルな問題も少ないということを聞いたことがありますが、これは実感としてわかるところです。

▼農業の付随効果として——収穫とコミュニティ、健康のドッキング

付随効果として、近隣の方との野菜や花の交換、作業をしながらの会話など、生活に必要なコミュニティの形成強化にも好適といえます。日の光を浴びながらの作業は健康にも良いのです。また、将来起こりうると言われる世界的な食糧危機への備えとしても有効で、自分で消費する多くの野菜類を自給することは危機管理上も有効です。なお、これは高齢者だけではなく、本来の仕

事を持つ若者達にもサブ・ルーチンワークとして、プチ農業、プチ園芸はお勧めといえます。仕事のストレスも、自然との向き合いにより解消できるのです。また、将来の準備、家族の一体感強化として農業を実施することにより、地域の方とのふれあいが発生し、地域のコミュニティへの参加による無償の助け合いの仲間となります。

畑の確保についても農業県である島根は好適であり、土地の価格も安いし周りには教えていただける方がたくさんいます。都会でなくては生活できない、農作業など土いじりはごめんという方もおられると思いますが、田舎がよい、農作業が苦にならない、楽しいという方も100人に1人位はおられるはずです。そうすると、日本の全人口が1億人になったとして、100万人となり、この程度の方々が「隠れ里」島根県にはちょうどよいと考えるところです。

5―2　島根の古い知恵からまなぶ地域の生き方

島根県は歴史が長かったこともあり、昔から肥沃で、銀銅鉄などで財産を作り、それを有効に活用する人達、智恵を出す人がいました。また、文化、伝統を保存し、将来の世代に残す志を持った人が出てくる県ともいえます。文化・伝統ある「隠れ里」が先人の働きで残った知恵のある場所、これも「隠れ未来里」の重要な資質で小さな逆襲かもしれません。ここでは古代から明治までの、島根に蓄積されている知恵をいくつか見ていきましょう。

▼石見銀山のいも代官として知られる井戸平左衛門の知恵

井戸平左衛門（いどへいざえもん）は、米蔵や米穀の出納などを行なう勘定役を30年間勤め、遅まきながら60歳のとき石見銀山の代官に任命されました。赴任して直面した享保の凶作の折、富農や自らの出資に拠る食糧を買い集めての提供、年貢減免の温情処理、幕府の許可を得る前に米蔵を開き救済に奔走したなどで餓死者は1人も出なかったと伝えられています。

最大の功績は薩摩からサツマイモを取り寄せ栽培することを思いつき、実際に苦労して種芋を取り寄せたことで、徐々に栽培は広がりました。病気のため、62歳で生涯を閉じましたが死後、人々は「いも代官」とよび、各地に碑をたて遺徳を偲んだといいます。

代官もしょせん役人・行政官と意識すると何も起きませんが、自らの判断で領民のために何をすべきかということをよく理解し実行したことは、全ての行政官の手本である他人実現といえるでしょう。人より遅い出世でしたが、それにくじけず実行したのはすばらしいことです。

現在のマスコミが作り出す善悪の構図に反するようでこのような例は稀（?）でしょうが、いつの世も変わらない庶民の願望と知恵を実現してくれた名代官伝説とよみました。

▼雷電召し抱えにみる松江藩の知恵と歴史

雷電為右衛門（らいでんためえもん）、稲妻雷五郎（いなづまらいごろう、1821年に横綱）

など、有望な力士を松江藩は抱えており「雲州お抱え力士」と呼びます。そのなかで史上最強の力士といわれている雷電は、並外れた体格と怪力を見込まれ、45歳で引退するまでの勝率は9割6分2厘（254勝10敗14預かり2引き分け）。これは相撲史上最高の記録といわれています。

実は7代藩主松平治郷（不昧《ふまい》）公の時代、松江藩は藩として莫大な負債を抱え、財政再建をしながら相撲のトップスターの多くを召抱えていたのです。その当時、積極的に強豪力士の召抱えを実施していたというのですが、それがどうしてできたのか、そのなかからの知恵の紹介です。

図5―3　雷電の碑、松平家の菩提寺の月照寺

ポイントは「御船屋」なる組織にあるのです。藩所有の船の管理、藩主が船で出かける際の船漕ぎなどを実施する組織です。この組織の中に、足軽と同格の水主なる身分があり、力士たちをこれに「正規採用」したので

す。引退した力士は相撲頭取として後進の指導、現役のマネジャーとしての仕事もあり、給与は低いが将来の安定した仕事とお金、さらに人材育成のやりがいが保証されていたのです。

トップスターとなった力士は、現役時、ひいき筋などからの祝儀などいろいろな形でお金は入りましたが、引退後の生活は保証されていませんでした。「御船屋」には土俵があり、育成などもやっていたようです。雷電でさえ引退後は石高は10石。これでも当時の力士にとっては魅力的であったのです。

この組織の相撲頭取は常に情報収集をして、全国の有望力士の卵を発掘していたと思われます。たとえば、召抱えられたときの雷電為右衛門は初土俵もまだの力士であった（師匠は谷風）といいます。松江藩は情報を分析し将来性を認め、彼を召し抱えたのです。

さらに、江戸時代になると「雲州力士なくして江戸相撲は成り立たない」といわれるほど松江藩では盛り上がり、１８０１年の番付表では既出の雷電為右衛門をはじめ、雲州力士が西方の上位をすべて占めたということです。

これにより、松江藩は当時の人気興行であった相撲の世界で、主導権を発揮できるようになりました。まさに現代の新規案件の企画・育成・実施に繋がる知恵ではないでしょうか。

▼相撲の起源は出雲の国譲りから?!

相撲の起源と言えば、野見宿禰（のみのすくね）の名が浮かびます。実はこの人物は、島根（出雲）の人物です。日本書紀には、わざわざ出雲より大和に呼び寄せられ、天皇の御前にて、日本一と力自慢をする大和国の當麻蹶速（たいまのけはや）を打ち負かしたという逸話があります。その後、この逸話に因んで、相撲節会（すもうせちえ）という祭りが734年の7月7日から行なわれるようになったのが相撲の始まりといわれています。余談ですが、彼は結構な知恵者でその後天皇に仕え埴輪（はにわ、殉死を止めさせるための人形）を考案したことでも知られる人物です。

もう一つの相撲の起源話としては、先に2章で触れた古事記の国譲り神話です。ここでは出雲大社の横の稲佐の浜で、大国主神の息子のタケミナカタ（建御名方神）と高天原族（天孫族）が派遣したタケミカズチ（武甕槌神／建御雷神）が登場し力比べをします。こちらは、出雲側がまけて、国譲りにつながりますが、これが相撲の始まりといわれています。ちなみに勝ったタケミカズチは武勇の神として、鹿島神宮ほかの祭神となります。

▼取り壊される一歩手前、国宝松江城危機一髪からの脱出

明治8年、広島鎮台は廃城令に基づき松江城を無用の建物として扱いました。松江城の諸構造物と三の丸御殿を民間に払い下げ（木材類は焚付けとして材木業者に、釘やかすがいは屑鉄業者に）天守閣をのぞいてことごとく取り壊されたそうです。このとき、天守閣は180円で落札されたそうですが、これを将来に残すべきと考え動いた先人たちがいたのです。

出東（しゅっとう）村（現在の出雲市斐川町出東）の豪農の勝部本右衛門さんは、将来の世代

図５―４　現在の松江城の外観

に天守閣だけは絶対に残すべきと考え、銅山開発の関係で付き合いのあった旧藩士、高城権八に相談し、松江城の買戻しと、松江城の存続について願い出たそうです。この熱意に押され払い下げが許可され松江城の存続が決まったのですが、その費用は自らの蔵に貯蔵してある米を売った資金や有志の方から調達した資金だったそうです。

その後、松江城は国に寄贈され、国は旧藩主である松平氏に寄贈、松平氏は松江市に寄贈し現在に至ったということです。ちなみに、落札価格の１８０円の目安は、なんと天守閣に使用されていた釘、かすがいの古鉄価格であったとか。天守閣は、危機一髪で取り壊されるところを、このような方々のおかげですくわれました。

この結果、昭和10年には国宝指定されましたが、昭和25年の見直しの際に重要文化財となり、松江開府400年の記念事業の一環として、再度国宝への県民運動が盛り上がりました。その後、建造時期の証拠となる祈禱札なども発見され平成27年、再度国宝に指定されました。

ちなみに、江戸時代には270程度の藩が存在しましたが、現存する天守閣（後に再建したものは除く）は12城しかありません。戦災などで消失した城もありますが、ほとんど自分たちで壊してしまったのです。島根でも浜田城や津和野城はなくなりましたが、松江城は残ったのです。文化、伝統は壊すのはたやすいのですが、歴史の流れの中のいろいろな状況変化の中で、維持することは誠に難しいし、それを嘆いていても始まりません。松江城はまさに情熱と知恵の結晶だったのです。

▼隠岐の「柱相撲」の知恵

隠岐の島、島後では、神社の遷宮、校舎の新築、ダムの完成などの際、奉納相撲として「柱相撲」なるものが実施されます。大会を開催する地元を「座元」、近隣を「寄方」とし、それぞれの地域を代表とし相撲を取るのです。お昼頃から始まり、翌朝の3時頃まで行なわれます。役力士として大関、関脇、小結がそれぞれ勝負します。土俵の四隅に柱が立っておりその柱を役力士の勝者に渡すことから「柱相撲」といわれています。すべて終わった後、柱を渡された力士はそれぞれ柱にまたがり、それを町内の方々が担いで帰るのです。

相撲は2番勝負で、1番目はガチンコで真剣に、2番目も真剣ではあるが最初に負けたほうに花を持たせます。負けっぷりも「真剣」に、これが大切ということで人情相撲ともいわれるのです。

図５―５　水若酢（みずわかす）神社の境内にある、隠岐相撲の土俵

勝負した２人は、一生兄弟の誓いをするといいます。

お互い、勝負が終われば日常に戻り、皆で助けあいの生活が始まるため、しこりを残さない仕組みで、人情味溢れる行事です。一般的には、建前と本音の使い分けということで批判する向きもありますが、このような区別は必要かもしれません。３月11日の東日本大震災のあと島根ではＴＶのコマーシャルで柱相撲がよく写っていましたが、狭い国土のなかで多くの人が争うことなく暮らすために残された知恵なのではないかと思います。

▼津和野藩の教育――養老館というハコモノだけにおわらない人材育成

多くの藩に藩校というものがあり、津和野藩でも養老館として藩の人材育成を行なってい

図5—6　現存する津和野の養老館

ました。明治4年に養老館は廃止となりますが、旧藩主の亀井家はその後も私財を投じて「奨学会」という奨学制度を発足し、明治39年これをさらに拡大しました。旧津和野藩に縁のある子弟に対して奨学金の貸与や、上京して勉学に励む子弟に対し東京の旧亀井邸に寄宿舎を建て活用したのです。明治42年森鷗外《もりおうがい》はこの「奨学会」の理事長に就任したのですが、これは郷土に対する貢献という意味合いもあったのでしょう。

島根（津和野）における森鷗外、西周《にしあまね》の偉大さはよく知られていますが、まずは、教育の重要性です。各地域にとって最も大切な資源は人材であることは言うまでもなく、これを地道に、地域及び国に対しての連帯感を持ちながら実施することは大切です。

津和野のように旧藩主や成功者が、才能ある者の面倒を見てこの若者を育ててゆく。若者はそれに応えて実力をつけ成功し恩返しとして、郷土（旧藩）の人材養成に私財と自分の時間を費やす。小藩でそのようなことが行なわれていたのは興味深いところです。当時小藩ほど、このような教育には熱心であったと思われ、津和野藩もその好例かもしれません。排他的ということではなく、いい意味での連帯感は「未来里」には必要であると思います。

▼隠岐騒動から：島の自立とコミュニティ、コミューンの自立と結末

一般には隠岐騒動として知られる自治政府が、慶應3（1867）年に81日間出現しました。この、「隠岐騒動」というネーミングについては当事者の子孫の方や研究者の中には異論があり、「隠岐国維新史」、または「隠岐コミューン」とすべきという提案があります。

まずは背景ですが、幕末になると日本近海にたびたび異国船が見られました。そのため、海岸線の長い隠岐の島を挙げ海防が必要とする幕府、松江藩の判断により、「農兵隊」を組織し志願者480名に練兵を実施しました。しかしながら、藩側の行政は農民が武装し力をつけることを恐れ、農民の武芸差止め令を出しました。マッチポンプ行政ですね。異国船についても、だんだん危機感は薄れ、ついには松江藩の藩兵もほとんど引き上げ、島民はいざという場合について不安になったのです。

この自治政府設立と存立、さらに崩壊の経緯は、単純化すると次のように考えられています。

①自力で事態に対応できる体制を作るため、島民に文武の教育を実施する「文武館」の設立の嘆願書を3回にわたり松江藩の出先である隠岐郡代に提出。松江藩は農民が武技を訓練するのは不適切との観点から認めず。
②明治新政府は態度のあいまいな松江藩に圧力を加えるため、山陰鎮撫使を派遣。その鎮撫使が隠岐の村役人に出した書類を松江藩が内容をチェックするために無断で開封。これにより、隠岐島民の反感は一層高まった。
③松江藩の連絡がないので自治政府を設立。庄屋大会を開き、松江藩の郡代の追放を決議。慶應3年3月19日夜明け、約3千人が武器を持ち郡代は陣屋を引き渡し帰国。その際、屈服状を残した。特筆すべきこととして、郡代が船で松江藩に帰国する際、島の人々は餞別の意味で白米4斗入り2俵と清酒1樽を贈った（これも、他人を思いやる隠岐の人の優しさか）。
④松江藩の新政府に対する働きかけが功を奏し、新政府の太政官は隠岐国取締りを松江藩に命令。松江藩は鉄砲、大砲などで武装した兵隊を隠岐の島に送り、藩兵約300人が陣屋を包囲。発砲の後陣屋を占領。これにより、あっという間に自治政府は崩壊。
⑤その後、松江藩は鳥取、薩摩、長州3藩の圧力により降参（自治の一時復活）。しかし、新政府の糾問の結果、松江藩は島前、島後の政治的実権を失う（けんか両成敗？）。明治元年隠岐の管轄は鳥取県に移りました（のちに島根県にもどる）。

ここでは隠岐の優しさをもつ自治モデルと知恵がみられます。地域の知恵と意気込み、行政の右往左往がにじみ出ている気がするのは筆者だけでしょうか。

5―3　高齢化と中山間地帯を支える新しい知恵

「小さな拠点づくり」と、次代を担う人づくりのため、家庭教育を含めた「志を果たしに還る人づくり」が定住・中山間地域・まちづくりに必要と県庁のしまね暮らし推進課の調整監　新田誠さんは熱く語っています。新田さんは海士町の土産物として有名な「さざえカレー」の開発に県庁サイドから関わり、色々な困難のなか、実現にこぎつけた功労者の1人です。

地域振興などと口でいくら言っても、実際に情熱をもって行なう若い実行者と、それをあらゆる面から支えリスクをかぶる責任者が必要で、それがそろったところが先をいくのです。これは企業でも行政でも同じ原理であり、環境に適応し生き残るための知恵でしょう。

そこで行政側からのリーダーシップが活発な事例として、「江津市」「海士町」「川本町」「邑南町」「奥出雲町」「津和野町」などの試み事例の一端を紹介しましょう。

(1) 自分たちでやる志から、てごねっと石見――江津市

これは、石見の江津（ごうつ）市で始まった活動です。なによりも地域の活性化が必要であると

いう観点から始まり、そのためには大企業の工場誘致ではなく、自分たちの歴史ある資産の活用からはじまり、小企業または起業家の誘致を目指した活動です。

まずは、江の川（ごうのかわ）の津（みなと）の関係遺産の掘り起こしです。この街は古くから江の川の舟運と日本海の海運の要所として栄えたといわれ、賑わいを見せた津のなごりの存在が期待されます。残念ながら実情は、水害で昔の石州赤瓦が光り輝く天領の町の港町風景は現存しないのです。

図５―７　江津本町の甍街道プロジェクト

しかしよく探すと、港町を背後で支えた街並みが、手つかずの形で残っていました。現在でも町に点在する商家や土蔵、多くの神社仏閣、さらに明治・大正時代の郵便局や役場など、数多くの歴史的建造物があります。これが江津本町の再発見活動として始動したのが「甍（いらか）

街道プロジェクト」です。未完ながらこれからが楽しみな手づくりで発掘中ともいえる街づくりです。

「てご」というのをご存じでしょうか。島根県の人はおわかりのように「お手伝い」という意味です。人材ならぬ人財をキーワードに、創業支援、人財育成、地域プロデュースを、県・市・地元と一体となって活動しているのが「NPO法人てごねっと石見」です。理事長の横山学さんのお話は熱意が溢れており、活発な活動内容が容易に想像されました。

この活動は、非常に評価され第5回地域再生大賞を受賞（2015年1月24日発表）しています。この賞は全国の地方紙45紙と共同通信社が設けた全国レベルの権威ある賞で、今回5回目となります。「てごねっと石見」の移住と起業を組み合わせ支援することが評価の対象になったようです。

2015年の「てごねっと石見」の大賞は、東京都在住の方の「株式会社ゴウツゲストハウジーズ」です。これは益田市を流れる、江の川全体を魅力溢れる観光資源と考え、手を打つことにより江津市に賑わいを取り戻すことだそうです。

この他、優秀賞として6件あげられ応募される色々な方の熱意がうかがえる活動です。

島根県全体としては　公益財団法人　ふるさと島根定住財団があり、優れた活動をしていますが、各市町村にも「てごねっと石見」のようなサポートをする方々が存在するかどうかがポイントとなるのです。島根県人の温かい人柄で各市町村に続々サポート部隊ができれば、これにより小さいながらも元気な起業がほうぼうに生まれ、それが地域の活力になり人が集まり、活性化され、また起業家が……というサイクルになるでしょう。

（2）IターンがUターンを呼ぶとは――海士町

島根のトップ（最後端）は世界のトップという考えを真っ先に実践したのが、隠岐の高齢化、人口減少最先端の海士（あま）町町長の取り組みです。山内町長はその著書『離島発　生き残るための10の戦略』（NHK出版）で、さまざまなハンディを逆転の発想で攻めに変えて活性化を図っている状況を説明しています。たとえば、あえて財政上単独での厳しい道を選ぶとか、島をまるごとブランド化するなど町政を企業経営と置き換えて、マネジメントを行なっています。この本は、地方に対して元気を出すための「隠岐の逆襲」の指南書としておすすめかと思います。

海士町の自治体の自立・自律の試みから学ぶことは、隠岐にくると島国日本の特徴がすべてあらわれているというアナロジーです。たしかに隠岐の島めぐりを路線バスと船で行なうと、日本列島の原点の流通、街のつくり、人々の苦労、自然との調和など、島のすべてが見えてくるかもしれません。

海に囲まれた島国の厳しい自然、皆で対応する風土・文化、穏やかな人々の存在、それらを繋げると少し理解できるかと思います。限られた地域の中で対自然のたたかいで人間が丸くなるということ、自律と自立のはざまにたって喧嘩を抑えるしくみ、勝負を明確にしない隠岐の柱相撲やコミューンの自治体モデルもヒントかもしれません。

島根のなかの高齢化のトップは実は海士町なのだそうで、その動きを象徴することばが「最後尾から最先端に」という発想だと思います。結果的に自分の町が世界のトップと位置づけて隠岐の海士町の発想として活動を進めています。

その活動をするにあたり、Iターンの方々を多く受け入れています。その意図するところは、有能な人財の確保であり、「IターンがUターンを呼ぶ」という発想だそうです。故郷を出た方々に戻ってほしい。Iターンする人が多ければUターンする人たちも多くなるということです。故郷でない人が魅力を感じる所は、故郷の人はさらに戻りたくなり、人が人を呼ぶ、人間の心理をうまく利用したすばらしい高等戦略でしょう。

▼隠岐の岩牡蠣と栄螺

美味！　日本海のミルクとよばれる岩牡蠣《いわがき》は、冬に旬を迎える通常のマガキ（真牡蠣）とは違い、初夏に旬を迎えるものです。この隠岐の岩牡蠣は味もリッチな巨大で美味なもので、一つを二人で食べても何の違和感もないほどです。ほとんど素潜りで一つずつ採っており、大変貴重なものです。これまでは天然でしか獲れなかったのですが、人工採苗による養殖もできるようになってきたといいます。すでに隠岐の岩牡蠣は東京でも「春香《はるか》」として、島根のブランド品になっています。

また、サザエ（栄螺）は島根半島の海岸沿いで結構獲れ、現在は禁止されていますが筆者の小学校時代は、適当に潜って獲った記憶もあります。山陰のサザエは、荒波に耐えるようにきちんと足が張っておおぶりです。そのサザエを使った「さざえカレー」がブランド化され、土産品として人気が出ているのです。単なる魚介カレーではなく、隠岐海士町では常識だったさざえカレーです。荒波にもまれた海産物は歯ごたえ、食べ心地も最高に仕上がっています。

このような隠岐の前向きの取り組みをみていると、隠岐は日本の前衛（フロントランナー）かもしれません。隠岐の孤島性と全方位へのオープンで広い角度の視野が、海外とのインターフェースをもつ主要な4つの島と類似性のある日本の未来に重なります。いや、東アジアの未来、世界の未来かもしれません。

(3) えごま油でボケ防止——川本町、奥出雲町

最近えごま油の人気が高く、島根県の川本町や奥出雲町のえごま油は貴重品といわれ、なかなか手に入れることができません。島根県内でも普通の店では置いてありません。先日、たまたま東京の日本橋にある島根県のアンテナショップ「しまね館」に寄ったところ、やっとお目にかかり購入しました。ただし、1人1本限りでしたが。毎日スプーンに1杯頂いています。

川本町のえごま油は、平成14年に現在の「川本エゴマの会」代表の竹下禎彦さんが岐阜県高山市でえごまを見つけ、栽培を始めたことが始まりとのこと。その後、近所の農家の参加や、島根県、川本町のプロモーションや技術面などの色々な補助もあり拡がっていきました。

さらには、テレビ放送でボケ防止の効果もあるという内容の川本町の状況が報告され、一層手に

図5—8　川本町のえごま油

入りにくくなりました。奥出雲町のえごま油も同等ですので、こちらもどうぞ。

▼えごま油とは？

調べてみると、えごまは1年草のしそ科で、種子から搾ったものがえごま油。原産地はインド、中国雲南省などで、平安時代に日本に入ってきたらしいのです。当初は灯明油として、その後は傘の防水のための塗装用として活用。江戸時代中期までは盛んに農家で生産されていましたが、その後生産性の高い菜種が入り、生産は大幅に減少したとのこと。しかし、現在は、健康志向の高まりのなか、ボケ防止効果などが期待されて見直され、人気となっています。

少し専門的にいうと、必須脂肪酸なるものがあり、これはオメガ3（αリノレン酸）とオメガ6（リノール酸）で、食品からしか取れない必要な栄養です。オメガ3を含むものは　えごま油、アマニ油、しそ油、青魚。オメガ6を含むものは　大豆油、コーン油、サラダ油だそうです。

オメガ3とオメガ6は、それぞれ人体に有用な栄養ですが、ただ摂ればいいというわけではなく、摂りすぎは好ましくないとのこと。オメガ6は摂りすぎると、アレルギー、炎症、血栓を促進したり、血管組織を固める等の好ましくない影響を与えます。オメガ3はオメガ6とは逆で、アレルギー、炎症、血栓を抑制し、血管の拡張等の働きがあるといわれています。

オメガ3とオメガ6のとり方のバランスについては、諸説あります。1：1とか1：4などといわれていますが、確定してはいないようです。最近は、食事の欧米化により、オメガ6の比率が大きくなり、問題視されています。オメガ6を減らし、オメガ3（えごま油）を積極的に摂るのがいいのではないかと思われます。

(4) A級グルメって――邑南町

たくさんの人を呼び集めているB級グルメに対抗し差別化をはかる（?）邑南（おうなん）町独自のA級グルメ活動があります。これは、町の観光協会が企画し、この地域はいい食材が取れることから「地元の豊かな食材（A級品）を活かした地域おこし」をコンセプトに2016年にも開催され多くの人が集まりました。町と地元の方々による熱烈な想いが伝わってきます。何事も始めないと何も起こりません。起業とて同じですが、失敗もありますが、必ずいくつかは芽を出し花開くものがあるはずです。

余談ですが「念ずればかなう」という言葉があります。そういう人材が中核となってそれを周りで支える人たちがいて推進することにより「かなう」のです。逆を言うと、何もしなければ何も起きません。このA級グルメの開催場所は、ハーブの公園として知られている「香木の森」の中の素材香房味蔵です。

▼田舎体験交流会、ってなに——邑智郡の制度

邑智（おうち）郡は広島県との県境にある、邑南（おうなん）町、美郷（みさと）町、川本（かわもと）町の3町で成り立っています。この3つの町が一体となり、この地域の地域振興のため、他所の人々が農家に民宿し田舎体験を行なっています。

少し内容を見てみますと、大きく分けて5つのカテゴリーがあります。

①歴史伝統……石見神楽の体験、石見銀山ウォーク
②生活文化……こんにゃく作り、そば打ち、餅つき等
③スポーツ……江の川カヌー、スキー体験等
④自然環境……田舎暮らし、稀少山野草観察等
⑤産業……炭焼き、えごまの収穫と料理体験、牛飼い等

これは、地域の特性を生かした試みで、郡外から来ていただく方のためのものです。また、地域のそれぞれの技術を持った高齢者の方にも教える喜び、自分が必要とされているという人間としての存在価値にも繋がる素晴らしい取り組みと感じました。生涯現役のひとつのモデルであると思います。

（5）奥出雲株式会社って――奥出雲町

奥出雲（おくいずも）町は、２００９年４月で町長を退任された岩田さんが町村合併前の仁多町長時代から４半世紀にわたり、町と住民の協力を得ていろいろな活動をして実績を上げてきたところです。

岩田元町長の口癖は、「収入なきところに定住なし」で、各種の町営の施設を運営し利益を上げ町に還元することを目指してきました。たとえば、玉峰山荘、奥出雲酒造や奥出雲のしいたけを扱う会社などです。この他、仁多米（にたまい）のブランド化にも成功し後継の方も引き継いで発展しています。

このような経営手腕により、地元の人は、「奥出雲株式会社」と呼んで今でも誇りを持っています。以下事例を２つ挙げましょう。

▼仁多米の世界――ブランド米への展開とおいしさの背景

いまでは、東京にも進出してブランド米になっていますが、どうして仁多米なのか、高度、水、肥料などの背景について少し言及してみましょう。

仁多郡内の水田は標高３００～５００ｍにあり、ほとんどが昔ながらの棚田で、全国棚田百景に選ばれた棚田水田でもあります。お米は昼間に光合成でデンプンを作り、夜間に穂に蓄えられるというサイクルを繰り返します。しかし夜の気温があまり高いとせっかく蓄えられたデンプンを消耗してしまうということがあり、特に稲の登熟期（穂に実の入る時期）に昼の気温が高く夜の気温が低いという絶妙な条件の高度にキープされていることが重要です。

次は水ですが、仁多郡は面積の約9割を豊富な森林に覆われ、雪解けの花崗岩から湧き出るミネラルたっぷりの岩清水があります。田起こしから収穫するまでには、たくさんの水を必要とするので水は命なのです。

もうひとつ、仁多地方では昔から家族の一員のように和牛を飼育しています。長年にわたって堆肥による土づくりが行なわれ、現在の有機質豊富な水田がつくられました。以上がブランド米の技術的な解説とポテンシャルでした。みなさん、仁多米を食べてみたくなったでしょうか。

▼亀嵩の撮影場所と玉峰山荘——砂の器

松本清張『砂の器』の舞台となったのは、奥出雲の亀嵩（かめだけ）です。昭和58年には、「砂の器」記念碑が、松本清張と映画での出演俳優（丹波哲郎、緒方拳など）を招き建立。平成16年にはTBSドラマ「砂の器」の撮影がこの地にて行なわれたのです。このときのキャストは中居正広、渡部謙、永井大など錚々たるメンバーで、音楽は千住兄弟の千住明です。

このときに撮影現場に使われたのが、湯野神社です。樹齢450年といわれる大欅を右手に見ながら石段を上がると、参道は鬱蒼とした樹齢200年の杉・広葉樹林に覆われた静寂の中の厳かな雰囲気でした。よく掃除された長い参道を行くと、湯野神社に着きます。神社にお参りした後、温泉に入るため、近くの亀嵩温泉「玉峰山荘」に立ち寄ります。ここは、第3セクターの施設であり、何回も入れる仕組みなので、まずゆったり温泉につかり、その後近くの公園を散歩。その後、再度入浴しゆったりとできました。

図5―9　亀嵩の湯野神社

(6) 日本遺産　津和野　今昔とは――津和野町

日本遺産は文化庁が推進している取り組みで、〝地域の歴史的魅力や特色を通じて日本の文化・伝統を語るストーリーを「日本遺産」として認定し、ストーリーを語る上で不可欠な魅力ある有形・無形の様々な文化財群を総合的に活用する取り組み〟です。2020年の東京オリンピックの時に

図5―10　「百景図」にあるやぶさめで有名な紅葉の鷲原八幡宮

は、１００件程度に日本遺産を増やすことを考えているようです。

　こうした中、２０１５年４月認定された18件の中に、津和野町の「津和野町今昔～百景図を歩く～」が選ばれました。

　百景図には、当地の幕末の名所、自然、伝統芸能、人情などが、絵画と解説で１００枚書かれています。当時の状況が感じられる貴重な資料であることはもちろん、図の場所を歩けば当時から変わった部分もわかるので、一度は見ておきたいものです。

　筆者も２０１５年末、津和野を訪問し鷲原（わしはら）八幡宮等の各地を見学した後、その図を見て昔の息吹を感じたものでした。もちろん、全部のポイントは体験できなかったので、次の機会にまた見学に来ようと思いました（なお、２０１６年新たに雲南市、安来市、奥出雲町の３市町で提案した「出雲國たたら風土記」も日本遺産に認定されました。これで島根県には2件の日本遺産が存在します）。

以上江津、海士、川本、邑南、奥出雲、津和野の高齢化地区、中山間地での活動を紹介しました。いずれも市長、町長などのリーダーが現状を正確に把握し、役場と住民がともに活性化を図ってきたことがポイントです。さらに、実際に活動する「人財」を活用するとともに、それをサポートする人たちの存在があったことです。もう一つ言えば、高齢者にそれぞれ適切な役割を担ってもらう点も大きいのです。

5―4　隠れ未来里の候補と新たな考え方の提案

本書では島根の逆襲をメインテーマに話を進めてきましたが、ここからは島根の中の具体的な隠れ里や未来里についてふれます。

筆者は、島根県全体を「隠れ里」とみなしているのですが、その中でも神話と歴史が色濃く残っていながら、「未来里」にもなりうる隠れ里を代表例として取り上げてみます。

(1) 港と歴史の融合地域：鷺浦――島根半島の海側「隠れ里」

鷺浦（さぎうら）は、出雲大社の西側を通り、山の中に入る道を、木々の生い茂る中、1車線の曲がりくねった道を車で行きます。昔は、たぶん馬1頭がやっと通れる狭い道で、出雲大社から約

7㎞の道のりです。港町の鷺浦に着くと未だこんな町並みがあったのかと、懐かしさが感じられる港町です。

街中の軽自動車がやっと1台通れる隧道を抜けると、周りの一角には、土壁と土壁が繋がっています。そして、海岸に平行に走っている道から海岸へ続く細い路地。海に反射する光が路地ごとに見られます。その昔は銅鉱石の積出港、さらに江戸時代、明治初期には北前船の寄港地であった港町の街並みであり、家々には、普通の表札と共に、屋号の表札もあわせて表示してあります。

また漆喰壁に鶴の鏝（こて）絵、虫籠（むしこ）格子、うだつ（1階屋根と2階の軒下の間の防火壁）、間立て（潮風から家を守る竹の防風壁。竹を4つに割りそれを並べて固定）、格子戸、煙出し（室内のかまど、囲炉裏などで焚く薪等の煙を逃がすための屋根の上に作る）などが残っており歴史を感じさせ興味深く見ることができます。

少し山側の昔の小学校らしい郷土資料館に立ち寄ってみました。結構広いのですが、そこには鷺銅山の採鉱工具から民家の御道具まで、また戦前戦中のものが並べられています。閉館間近に突然立ち寄ったのに、親切丁寧に説明をしていただいたのは、地域の鵜鷺（うさぎ）コミュニティセンターの原美知子さん。掘り起こせばきりがない垂涎の民俗資料のお宝でいっぱいでした。

この町は、かつて取材に訪れた司馬遼太郎が「この景観は、いつまでも保存しておきたい町並み」との感想を述べたとか。今でも到達するのに若干不便であり、昔はさらに大変だったと思われ、それ故に、このような町並みが残ったのでしょう。まさに現代に生きている「隠れ里」です。

図5―11　鷺浦の港町風景1（海から）

図5―12　鷺浦の港町風景2（隧道から）

（2）グローバル遺産と中山間地域：唐川——島根半島の山側「隠れ里」

唐川（からかわ、出雲市唐川町）は島根半島の北山とよばれる山脈の山の中にあり、近くにパワースポットである韓竈（からかま）神社があります。全体が茶畑として有名な地でもあり、平成22年の第17回「島根景観大賞」を受賞した景勝地でもあります。茶畑は約15 ha、お茶の出荷は50tにもなります。ここは霧が多く発生し、お茶の栽培には最適な場所だということだけでなく、中四国地方では高知に次ぐ生産地なのです。「唐川茶」「唐川番茶」はこの界隈では有名で、文字通り山の中の「隠れ里」です。唐川町の人口は180人弱。毎年5月末に行なわれる「唐川新茶まつり」は「お茶の里／唐川館」の周辺で実施されます。

この新茶まつりに筆者も参加してみました。多くの方が集まるので、山の中腹のところに大きな駐車場が作られ、そこからバスにてピストン輸送されます。唐川館に着くと、地元の方の演芸会がにぎやかに開かれ、その脇のテントの中では煎茶と番茶が振舞われます。可愛い小学生の諸君が、お茶運びと片づけを行なっていました。地域一体のお祭りを兼ねているコミュニティ活動ですね。

近くの広場ではお茶関連の茶もち、茶そば、茶めし、茶まんじゅう等が販売されており、お腹一杯になり満足しました。なお、秋には「番茶祭り」もあります。

（3）中山間の技術遺産と複合地域：奥石見の久喜・大林銀山遺跡

石見の邑南（おうなん）町には、世界遺産の「石見銀山遺跡」に勝るとも劣らない銀鉱山遺跡があります。まだ、一般的には無名なので隠れ里といえます。ここは、江戸時代に天領・石見銀山御料の一角だったのです。

まず、邑南町郷土館へ行きました。中には、江戸時代から現在までの民具、旧石器、考古資料、そしてたたら製鉄関係の資料など貴重な興味あるお宝資料がはみ出すように陳列されていました。特に、この地方のたたらで製作された良質鋼「出羽鋼」（いずわはがね）の刀剣や天秤ふいごの一式などはみものです。突然の訪問に鍵を持ってかけつけていただいた職員の方は「まだまだ整理が必要で」と言っていましたが、必見の価値ありです。

本題の久喜、大林銀山関連の資料は少し離れた所にありましたが、そこもお宝の山でした。いろいろな資料と説明をいただきました。「久喜・大林銀山」は１１９０年久喜銀山が発見されて８２０年間各有力者が争奪合戦を行なった場所とのことです。

地元のキャッチフレーズをそのまま記すと、２００箇所を越す間歩群、24箇所の精錬所跡、30ａ以上の広さを今も残す「からみ原」、レンガ造りの煙道跡が見所とのことです。

実際に行ってみると、いくつかの間歩と精錬所跡、広大なからみ原（鉄の精製時に発生するケラが地面に置いてある）など、興味深く、山の中に分け入りたくなりました。随所に「間歩」「寺

図5―13　久喜銀山地区の銀山遺跡

院跡」の看板が立ち、自然と同居しているという意味では石見大森銀山とは異なる雰囲気の一大歴史自然公園地帯となっています。久喜銀山の大きな間歩は、明治時代のものが多く、大森銀山よりは近代ですが、その分だけわかりやすい遺産になっているので、近代鉱山技術などに興味のあるかたにはおすすめの地帯です。

まだ整備はされていませんが、お宝（技術遺産）がたくさん眠っている「隠れ里」でした。途中でお会いした地元のお年寄りの方のお話では、何とかこの資産に陽が当たるように、草刈や、木の剪定、道の整備など一生懸命やっているとのことでした。

(4) 隠れ里をささえるコミュニティ活動──大日堂花まつり

隠れ里そのものというより、それを支えるコミュニティの維持、強化に繋がると思われる活動を紹介します。

地元のお釈迦様の誕生日を祝う花まつりです。松江市美保関町七類の曹洞宗の常楽寺とその境内にある大日如来（だいにちにょらい）を祭った大日堂の花まつりは5月8日（正規の4月8日では、花びらが集まらないので1カ月遅れ）に行なわれます。常楽寺と大日堂の床に花びら（チューリップ、牡丹、ヒヤシンスが主体で20数種類の花）で仏画を描くもので、部屋いっぱいに飾られている花びら絵はとても大きく綺麗で、一見の価値があります。また、庭にも花が敷き詰められておりこれも見事なものです。

拝見した後、無料で配られたお茶をいただきながら、拝観者の整理をされている方にお話を伺いました。この花まつりは、25年ほど前、常楽寺の住職が代替わりをされた時から企画され、住職、檀家、近隣の方々のボランティアと近隣の境港の水産会社の倉庫の好意によって成り立っているとのことでした。

花びらで仏画を作成するには大量の花びらを必要としますが、これを集めるのは、〈リサイクル〉の発想で実施しています。お寺、お堂の近辺に農園があり、花を咲かせた後、球根を育てるため花びらは摘んでしまうのです。この花びらをいただく際、檀家の方々はただいただくのではなく、摘

図5―14　大日堂に敷き詰められた花

み取りのお手伝いもしているとか（50人位が対応しているとのこと）で、農園の方も花まつり関係者の方も両者ハッピーとなります。チューリップは広瀬町などから、牡丹は牡丹園で全国的にも著名な大根島からです。ヒヤシンスは大山（だいせん）山麓などの近場で調達しています。

1月半ばくらいから花を集め始め、集めたものから水産会社の冷蔵庫の中に保管してもらうといいます。約1000箱の花びらが必要ですが、披露する前日に5～6時間かけ、仏様、大日如来像などの仏画を花びらで形作るのです。

年に1日だけの花祭りですが、住職、檀家、近隣の方々の手間は相当なものでしょう。しかし、花びらで作られた仏画の見事さとともに、コミュニティの維持、強化に努めている活動は地元にも絆をつくります。寺を中心としたコミュニティとしての檀家及び近隣の方々は、このような活動で地域のつながりを一層深めるとともに、若者もこの活動を見てその地域への愛着とコミュニティへの参画意識も深まるのです。

このような新しい活動を檀家の方々を巻き込み継続している住職の人柄もあります。なお、この拝観は無料で誰でも歓迎だそうです。

都会ではコミュニティ活動は少なくなっていますが、島根県内にはあちこちにあり、まずは1例として取り上げました。

▼限界集落と隠れ里——日本の未来の先取り提言

将来の「隠れ未来里」にアメリカの西部開拓史的な活動を入れてはどうでしょうか。「誰もいなくなった」もしくは「限界集落」の地域について全国から開拓精神溢れる人々に来てもらい「開拓」してもらう。その代わり、一定期間、開拓後居住した場合、開拓地は無償で貸与したりその人のものとするなどのメリットも考えていけばよいと思われます。

もちろん法律的には難しい問題もあるでしょう（実際、日本は社会主義国ではないので、そのような試みは×と、この問題に詳しい方多数に言われていますが……）。それでは何も起こりません。地主の方を説得し、県が安くその地域の土地を手にいれ、法的な課題もクリアし実施するのも一つの方策です。

せっかくの緑の大地が荒れ果て砂漠化するかもしれないところを開拓し、物を作り販売するというのは難しいことではありますが、まずは小規模でも、インセンティブをつくってやってみる価値があるのではないでしょうか。人が入ってくれば、それによりコミュニティが再生することに期待するのです。

5―5　長寿命人材と未来里：新たな考え方の市場と労働力

高齢化（長寿化）という意味で数十年後の東京や韓国、中国がおちいる状態にすでに到達しているのが、島根です。この状態でいろいろな年齢層の人材が快適な生活をするには、どうしたらよいか考え実行することが大切です。これまでみたように、島根は恵まれた環境の中で、結果的かもしれませんが、行政と県民が未来への備えとして最適化の努力を行なっているのです。

▼長寿命人材を市場と労働力とみると

高齢化が地域を活性化させるとの仮定がなりたつためには、長寿命・高齢者の存在価値を認めることでしょう。人は、いろいろな仕組みが揃ってもだめで、社会が自分を必要とし、人の役に立っているという実感があることが最も必要だと思います。そして、高齢者が若者を立て裏方でサポートする。若者は、裏方である長寿命者に感謝と尊敬の念をもち、表わすことであると思います。この上で、いろいろな仕組みが成り立ちます。

島根には高齢者が元気に働くことができるベースが整っていると思います。これは、これまで触れてきた自立とコミュニティの活動成果であると思います。

他の地域がまだそのような長寿命・高齢化状態になっていない時に、島根において試行錯誤が進められていることはメリットです。将来、東京が高齢化した場合にはその対応に追われ、他の地域の援助は難しいこととなります。いわば、島根は最も「先進的」な取り組みと、仕組みづくりを行なっているのです。

未来里では、何か新しいことをはじめようとすると、そのネタは既にあることが理想です。島根には多様な高齢者市場が存在します。理想は、高齢化ニーズ自体の存在によるビジネスの芽と、高齢者の存在価値について適切な認識があり活躍する場が存在することです。それが、島根における未来里のキーワードになります。

島根には、そのような場がすでに存在し、世の中の役立つ仕事として、成立する可能性が非常に高いのです。これをビジネスモデルとして、日本と世界のニーズの先取り地帯と考えれば、そこにヒントとお客は存在します。まさに島根の逆襲とは、未来へのビジネスチャンスという贈り物なのです。

たとえば、長寿命者用各種医療体制、高齢者をはじめとする身体不自由者向け個別対応義足や車椅子などの介護機器は大田地区、給食システム、配本システム、認知症患者、難聴、低視力障害者向け各種機器、補助具なども松江地区を中心として、さらに、中山間といわれる各地では老人コミュニティ創出のノウハウ、ボランティア、生きがい創出などのソフト、システムの開発などのユニークなものが存在し始めているのが今の島根といえるでしょう。

▼八百万《やおよろず》の神様パワー――神話と精神面の安定など

歴史の中で宗教をめぐる紛争は八百万の神様の場合、一神教に比して圧倒的に少ないのが特徴です。このような神様のキャパの大きさは、神社は「隠れ未来里」のなかに、どんな信教をもっていようと受け入れられるということになるので、圧倒的に有利な点でしょう。まさに八百万の神様パワーです。パラダイス、極楽で宗教を強要されない理想的な場になります。

日本全体が同一の価値観を持ち、同じ生活・住居環境である必要はないのと同じように、世界のどの国でも、同じである必要はないし、それぞれの地域の中に、いろいろな異なる地域があることが必要で、まさに八百万の神の存在の再現です。このような中で現在では、島根がもつ「辺境」としての資産は、他の日本の地域にない特筆すべき逆襲のポイントでしょう。

▼鳥取県は島根県だった――独立記念日とは……

島根県は、現在出雲国、石見国、隠岐国で成り立っています。これも、確立するまでは色々な変遷をたどっています。明治4年の廃藩置県の政策により（一部前後して）、旧藩を母体とした松江

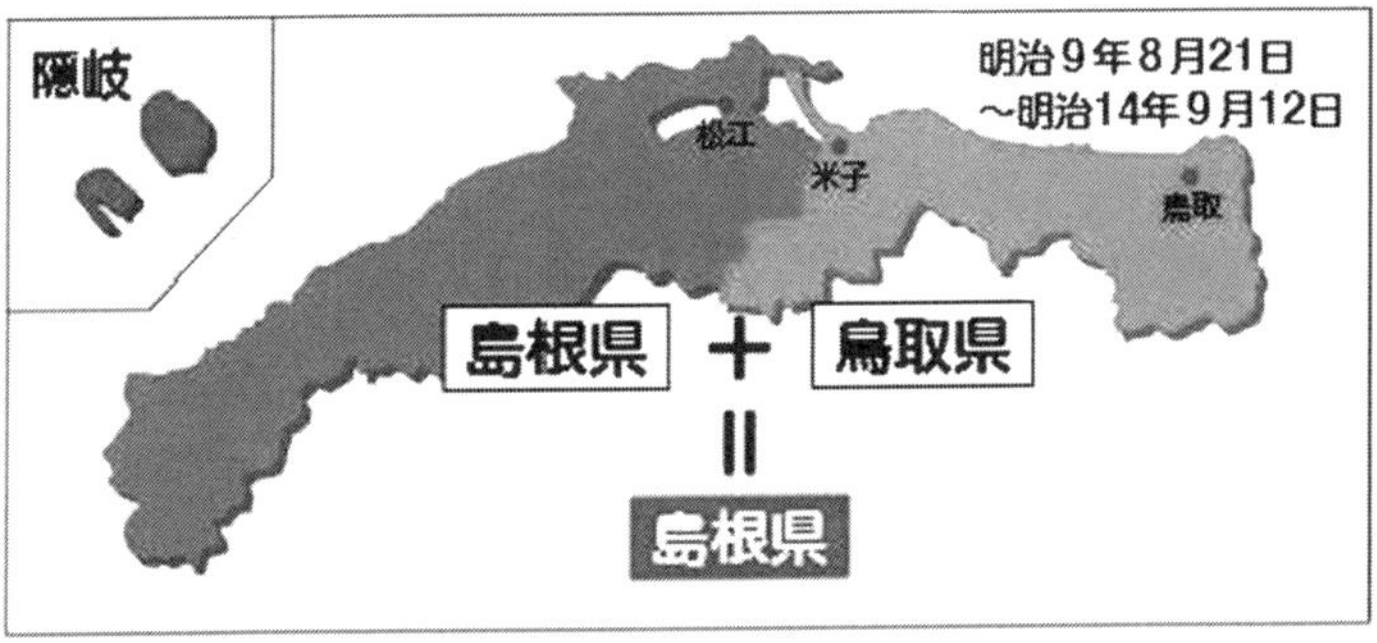

図５―15　東西に細長い旧島根県

県、広瀬県、母里県（以上が出雲国）、浜田県（石見国）、隠岐県（隠岐国）と現在鳥取県を構成する因幡国、伯耆国の間で複雑な組み合わせ変更が行なわれました。

その結果、明治4年末には出雲国（松江県、広瀬県、母里県）が島根県、石見国が浜田県、隠岐国・伯耆国・因幡国が鳥取県になりました。ちなみに、島根県と名付けられた由来は、松江城下町の属する郡名（島根郡）を県名としました。

その後、明治6年から経費削減を目的とした府県の統廃合が始まったのです。明治9年4月に島根県（出雲国）と浜田県（石見国）が統合され島根県に。明治9年8月には鳥取県が廃止され島根県に統合されました。

ただし、旧鳥取県民から強い反対運動が起こり、明治14年9月12日には鳥取県が復活し、この時点で、島根県（出雲国、石見国、隠岐国）鳥取県（因幡国、伯耆国）の体制が決まりました。

ちなみに、この9月12日は「とっとり県民の日」です。平成10年鳥取県は「県民が、ふるさとを愛する心を育て、自信と誇りを持てる鳥取県を力を合わせて築き上げることを期する」ということで、この日を制定しました。鳥取県民の中にはこの日を「独立記念日」と捉える向きもあるとのことです。

このように、一時期とはいえ島根県と鳥取県は一体行政地区の島根県でありました。現在も中海を囲む両県は密接な関係を持ち各種施策を実施しています。

また、将来道州制等が実施された際には、再び一緒になることがあるやも知れませんね。昔の仲間よ「こんにちは」となります。

▼5章のまとめ

一般に高齢者の多くは、自由時間があり、いろいろな文化に触れ、かつ余裕のある資産を持っている方が多いといわれています。こういう方々がたくさん存在し、自由に動くことができるのが理想的な高齢化地域の特徴です。決して貧しいのではないのです。

このような長寿命化地域は市場が明確になっています。高齢者が「隠れ里」に多く来て、先の心配を最小限として生活を楽しむことです。そして文化的な活動をし、資産を有効に使うことにより、新たな顧客価値を生むビジネスの機会が増え、結果として「未来里」となり若い人も喜んで地域に残ったり、外からも若い人がどんどん入ってくるのです。

もちろん、都会のほうがリスクはあるが大きな仕事ができ、グローバルな活動がしやすく、高収入であるかもしれません。しかしインターネットがある現在では、都会でなくともこのような可能性はあるのです。日本において、グローバルな神話をバックボーンにもつ最適地の島根が、「隠れ未来里」を先に創っておくことが、島根のグローバルな役割なのかもしれません。

繰り返しますが、住みやすさの点ではやはり「隠れ里」のほうがよいという人が1％いるとすれば、1億人の1％、100万人です。これは大いに実現性のある数字ではないでしょうか。若者が存在すればなお、ますます暮らしやすい「隠れ未来里」となるのでしょう。

なお、この高齢化や人口の減少などの傾向は日本独自のものではなく、世界の先進国では共通して同様な状況でしょう。人間を対象としている限りは「隠れ未来里」の要素、仕組みづくりの観点から、グローバルスタンダードになりえます。現代の東京、大阪などの都会に住む日本人は、島根からみると外国人かもしれません。しかし、島根が外国からきた小泉八雲が松江に溶け込んでいったように、辺境といわれている島根県が未来の場として世界の舞台に上がるときがやってきます。

エピローグ：島根の本当の逆襲は未来創りへのお手伝い

島根における未来への逆襲は、古代歴史のインフラ情報ともいうべき日本神話の整理と渡来人からはじまりました。そのあと古代資源や技術の掘り起こしとコミュニティのあり方と隠れ未来里の姿を述べてみました。すなわち過去の経験と衣食住、文化、それをはぐくんだ人々の足跡からの未来への展望へのつながりを逆襲と呼んで述べてきました。

過酷な火山性の自然をもち、ある意味では猛威の吹き出し口である日本列島には、その状況を記述して神話にしたような場面がたくさんあります。その結果として巨大な金属資源が山積みされていたとすると、それは日本人への格段のボーナスだったのでしょう。

日本海に突き出した島根半島の海岸は、交通の要所、昔の資源の宝庫、豊かさの象徴ともなっています。その列島と海には多くの民族の争いと融合があり、過酷だけれど豊饒、日本海流のぶつかる場所としてパラダイスのような目的地だったかと想像しています。

そこでは、渡来人と、もともとの日本人としての隼人《はやと》、蝦夷《えみし》との融合が起こるという民族の融合と発展につながっていると考えるのが自然だと思います。大陸文化と文明の流れは、現在島根と呼ばれる地域、当時は隠岐、出雲、石見の３つの古代国で受け止め発展することができたのでしょう。

本書の逆襲の意味は、かつての日本の中心としての地位への再挑戦的な逆襲ではなく、むしろ、これからの新しい生き方の一つである歴史と文化のミックスを背景にした「隠れ未来里」の創造です。言葉を換えると、若くてもシニアであってもゆとりを持った人間らしい生活ができるだけでなく、斬新な起業や事業展開も可能な地域としての復活と筆者は考えています。

開発発展の連鎖から出遅れることで一律的な近代化から解放された島根地域には歴史が残っています。いわゆる時間と事象の凍結で、へたに解凍すると壊れてしまいます。どう解凍するか、これは復讐ではなく未来創りです。解凍の方法に、知恵を絞ることが「隠れ未来里」の神髄となるでしょう。

ここでその思いを再度、整理して3つの視点から簡単な仮説を提案をしてみます。

(1) 島根はグローバルで古代のミステリアスな合衆国といえそうです

島根は「日本という列島の根っこ」という意味、その国つくりの根幹には、「国引きと国譲り神話」という日本を象徴する出来事が含まれていると読むと、島根の位置関係がわかりやすくなります。

古来、島根県は大陸に近く、海を渡って現在の中国、朝鮮半島、ロシア、モンゴル等から挑戦心に富んだ人々が渡来し、土着の日本人と融合と軋轢を生じながらも、やがて一つの文化圏を作り、合衆国のような状態をつくってきたものと考えられます。

隠岐を橋頭堡として、多くの渡来人がリマン海流、対馬海流の流れに乗って南洋、中国、朝鮮、ロシアなどから出雲、石見に到達したのです。新しい技術も入り、生活レベルも上がり、開拓精神溢れた地域であったのでしょう。まさに島根が当時の「玄関・入り口（ゲート）国」「表日本」ともいえる時代が目に浮かぶようです。たぶん当時の世界の中でも、最もグローバル化された地域でありました。見方をかえると、出雲、石見は山師民族としての鉱山・冶金系の渡来人と農耕（出雲）、漁業（石見）系の民族が交わるところにもなってきました。

産業革命以前の資源開発は、人材、食糧、水と住居環境がよく、鉱物資源、森林資源があることが重要でした。この意味でも、火山の国の豊かな資源である鉄、銀、銅などが採れ、繁栄する条件にぴったりの要素があったのです。

特に古代から中世の島根は、多くの渡来人、技術を持った人々が集中的にやってきたと予想されます。その結果、渡来人と原日本人との融合により、優れた人材などの輩出が際立ったという結果に通じています。

（2）島根は壮大な技術遺産・自然融合博物館といえそうです

島根は鉄、銅、銀などの巨大な資源埋蔵、生産地でもありました。鉄は奥出雲と奥石見の砂鉄、銅は島根半島にある鷺浦（さぎうら）にあった銅山群など。銀は世界遺産にもなった石見銀山（大森銀山）の一帯。その結果、この地方は金属製品・技術の貢献度は極めて高いということがいえます。

出雲と石見は日本の古代鉱山・製錬のメッカでした。たたら吹き法、灰吹法などの技術によって、日本の金属器具（農機具、武器）の生産が圧倒的に多く、政治上も重要な地方となっていたのでしょう。この理由は、良質な砂鉄、後背山林の優れた質の木炭（火力）、すなわち林業体系と森林従事者と搬出手段の完成と、良質な水が同時に手に入るという地域だったことが挙げられます。さらにそこに働く人々を支える肥沃な土地と農作物や海産物が安定的にとれ、本物の温泉や日本酒もあるという面でも恵まれていたことによるのでしょう。

また、産出した鉱産物や原料鉱石、金属塊、鋳造・鍛造加工品を搬出する良港にも恵まれていたことも挙げられます。日本海ルート（海外）、北前船ルート、中国山地越えルートなど複数のメインルートがそろっていました。今でいうと、大型の国際・国内空港と、高速道路、新幹線がそろっているようなものですね。

これらは、優れた技術遺跡としての活用が考えられます。多くの金属の製錬プロセスの跡が残る遺産そのものを目の当たりにして、技術者には感慨深いものがあるのではないでしょうか？　これらは、広大な遺跡としての活用と伝統技術の未来資産化＝技術遺産＝自然の融合博物館のイメージが考えられます。

（3）先端的な高齢化は地域を活性化し「隠れ未来里」を構築中

現代はグローバル化の波にのまれ、日本国内も価値観の多様化が進んできています。現在の東京、大阪のような競争社会の地域とともに、「隠れ里」＋「未来里」的な場所が必要でしょう。その「隠れ未来里」には著者らは島根が最適かと思います。

島根県は、日本の中でも先進的に高齢者の対応を進めてきています。まだまだ試行錯誤のものが多いのでしょうが、今後が楽しみです。最高齢地域が最先端地域、新しいビジネス、イノベーションの宝庫となるには、いろいろな発想を組み合わせることが必要ですし、それができるでしょう。言いかえると、島根の場合は一周遅れの先頭走者ともいえます。この高齢化の現実はスパイラルならせん階段とも言えるかと思います。ただしそこにはある程度のジャンプの覚悟が必要であり、そのことで一歩先、半歩先を実現する場となります。それができると、まさに日本の故郷帰り、郷還り、食とエネルギーなどの自給自足の対応の可能性が拓けてくるでしょう。

また、目の肥えた高齢者による文化活動や各種自然と伝統的な資産の有効活用により、地域の文化がより洗練され、伝統的な町並み、神社・寺などの維持管理もしっかりできることにつながります。多くの高齢者が、歴史的な学習、提案などを含めた文化的な活動をし、高齢者に適した活躍の場がありますので、地元をさらに活性化していくことになるでしょう。

また未来の世界（グローバル）への貢献の可能性がきわめて高いこと。長寿命者、すなわち単純な高齢化対応とも考えると10年後の韓国、台湾の未来、20年後の中国の未来と重なっているのです。この高齢化の中身を見ていくといろいろな分野での新しいニーズが眠っていたのが、少しずつ目を覚まし始めているといってよいでしょう。

さいごに――島根が真の「隠れ未来里」であるために

地理的、文化的、生活的にも東京の対極に位置するという価値観での発想として、そこから日本人にとって必要不可欠な未来の地域として、島根の復活（逆襲）を検討してみました。唐突ですがかつての大和（やまと）に対峙する出雲のような位置付け（意味合いは異なりますが補完関係ですね）かもしれません。まさに新しい国引きと国譲りの神話が未来に甦るともいえる思考実験の一助となれば幸いです。

すでに住んでいる人々には気が付かないこともたくさんあります。この地域は来て住んでいただく方にはすでに述べた多大なメリットがあると思います。将来を見越して、若いときから島根県に働きに来られるのも歓迎ですし、定年後初めて「隠れ里」を希望される方も歓迎です。知恵のある方には知恵を、お金のある方はお金を、労働力のある方は労働を、文化のある方は文化を、要は提供できる物を提供するということ。そして、これは最も大事ですが、その地域のコミュニティに参加していただくことが絶対条件となるのでしょう。

島根はあくせくしないで自分のペースで過ごすことができ、リタイアした人、のんびりしたい人、癒しの空間、回復の空間・時間となっています。また、パワースポットの空間として、人間社会が自然に調和して構築されています。さらに過去の壮大な歴史や技術遺産にいろいろと学ぶこともできるだけでなく、新しいビジネスチャンスにも恵まれているのです。これが個人ベースの未来発見と未来冒険のスタートになります。まさに「隠れ未来里」「豊穣の未来里」としての場が確保されています。

先に述べたように、さまざまの可能性満載の島根は、定員100万人だとすると、あと30万人分空いています。日本の人口の0・3%です。お早めにどうぞ。

本書の作成視点と謝辞

本書の著者二人は、すでに還暦を過ぎたいわば団塊世代、日本の高度成長期に合わせて流れのままに日本、世界を転々として仕事をしてきた経験を持っている技術者兄弟です。いずれも生まれ故郷は島根ですが、現在は、兄の卓（たかし）は島根と東京郊外の二重生活、弟の通（とおる）は東京在住となっています。

学校は親の仕事の都合で兄弟とも小学校を3つ、中学校を2つ、高校は卓は2つ変わっています。ほとんどが島根以外ですが、不思議と小中高それぞれ1回は島根の学校で過ごしているという奇妙な経験をしました。小中学校時代はどこにいようと夏休みはほとんど故郷で過ごしているので、島根っ子の一人といっても許していただけるでしょう。高校を卒業後、卓は山口、茨城、東京などを転々とし、米国のデトロイトにも2年いました。通は宮城、岡山、千葉、東京などを転々とし、カナダのバンクーバーなどには2年以上住んでいました。

島根を見る視点の認識は人それぞれですし、兄弟でも異なっていました。その中で限られた新しい発見と視点と納得の思いをベースに話し合い、島根の共通の未来像を愛情を込めて書いたつもりです。技術者出身のゆえの本文の生真面目さと堅さ（と独断と偏見）はご容赦いただければ幸いです。

最後になりましたが、本書を作成するにあたって島根各地での取材で多くの人にお世話になりました。直接、本書のために貴重な時間を割いていただいた島根県関係の多くの方々、一部の方の名前は本文に拝借させていただきましたが、全体的には県職員の福間直さん、板垣正明さんには特にお世話になりました。

それ以外にも多くの皆様にさまざまのことをご教示いただいたこと、個人名は出しませんがご助言いただいた皆様に改めて厚くお礼申し上げます。

「島根の逆襲」おすすめ訪問スポット――現地取材で7つのテーマをリストアップします

ここでは7つのテーマを設けて、おすすめの訪問スポットをご紹介しましょう。これらのほとんどは、本書の著者兄弟がここ1 2年以内に足を運んで訪問したところです。本書ならではの視点からセレクトしました。一般のガイドブックやネットでさらに調べていただくと、きっと島根の魅力を発見していただけると思います。

【分類の index】（丸付数字は214頁の地図と対応しています）

◎一般・正統派スポット：オーソドックスで一般向けのスポット。まずはざっと見ておきたい人に、一般観光型にテーマ性を持たせてみました。間違いのない王道スポットです。

◆探究スポット：時間がたっぷりある方に、その道の探究家に、みかけよりも中身優先です。知識追求型コースです。

★突込み型スポット：マニア度の強い場所です。絞り込んだテーマで考えています。

1 温泉：安らぎのリゾート

神話物語と源泉かけ流しがキーワードです。各温泉の特徴と効能を調べ、自由にコンビネーションをするとなおいいでしょう（129頁も参照）。
◎観光と旅情の温泉スポット――玉造温泉①、松江しんじ湖温泉、有福温泉、温泉津温泉②、湯の川温泉
◆ゆっくり探究向け温泉スポット――三瓶温泉、湯抱温泉、池田ラジウム鉱泉、月山広瀬温泉、須佐温泉、木部谷間歇泉、潮温泉、立久恵峡温泉（御所覧場）、鷺の湯
★マニア向け「出雲国風土記」の温泉めぐり、セレクト――玉造温泉、出雲湯村温泉、海潮温泉

2　日本海、山地の自然、海と山、滝、川

豊かな日本海、山地の自然・ツアーとして、海流と古代の山並み、滝、川、田園風景を楽しみます。ゆったり人間性をとりもどす、究極の日本海型自然のいやしがキーワード。

◎正統派スポット――松江宍道湖の夕焼け、隠岐の国賀海岸㉓、石見の山陰海岸（琴が浜、サンドミュージアム、千畳敷）、出雲大社境内、日御碕灯台周囲、三瓶山の広大な高原と朝の雲海、津和野の自然歴史地区
◆ゆったり探究スポット――美保関灯台、青石の畳通り、大根島探索、島根半島日本海側の海岸美、奥出雲と奥石見の深山、しまね海洋館（アクアス）、石見銀山付近のハイキング、江の川上流地域、隠岐４島の周遊⑫、広瀬月山城跡ルート、船通山のハイキング、隠岐西郷の町歩き
★番外編：桜ツアー（４月限定）――木次と三刀屋の桜、段部の桜、浜田の桜

3　美食をささえる食と日本酒ツアー――山の幸、海の恵みと歴史の酒

そば、かに、うに、いかなど。島根の珍味を味わい、日本酒の発祥の地の深さを掛け合わすのがキーワード。

◎正統派コース――出雲そば、松江の殿様料理（鯛めし）、すずきの奉書焼き、隠岐の海産物（いわがき、うに、のり）、仁多米、島根牛と隠岐牛、あご（トビウオ）のやき（野焼き）、さざえ、かに、のどぐろ

◆マニアック、ゆったり味わうコース――大和しじみ、わかめ、わかな、とびうお、あわび、白魚、大根島人参、鮎うるか、山葵漬、磯魚一夜干し、塩干カレイ

★酒特別コース――しまねは酒の発祥地　扶桑鶴、開春、環日本海、三つ桜、隠岐の誉、王禄、豊の秋、月山、旭日、李白、玉鋼

4　古代の鉄・銀・銅の技術遺産の源流――自然と融合した広大な博物館

古代史から神話、採鉱冶金プロセスへ。近代技術をしばし忘れて、古代の金属の価値と製造努力をイメージします。古代人の技術想起がキーワード。

◎正統派スポット――和鋼博物館③、菅谷たたら地区④、横田たたら地区⑤、絲原記念館、可部屋集成館、石見銀山⑥（資料館と龍源寺間歩、大森町銀山通り）、荒神谷遺跡⑦、加茂岩倉遺跡⑧

◆探究ゆったりスポット――奥石見のたたらあと⑨（今佐屋山製鉄遺跡＋出羽の町並み）、大林、久喜地区の銀

山⑩、石見銀山大久保間歩、銀山街道（温泉津へ歩くみちと泊など）

★学術スポット――朝日たたらあと、かんな流しあと、鷺鉱山（銅）、田儀櫻井（家たたら）遺跡⑪、日刀保たたら、五十猛鉱山跡（鉛・亜鉛）

5　伝統のセラミックス、鉱物、焼き物――土と鉱物がおりなす瓦と自然宝庫

伝統のセラミック技術と豊富な鉱物資源、焼き物。土と砂がおりなす瓦と金属をささえる先端技術の宝庫、セラミック資源における石見と出雲の融合技術と製品がキーワード。

◎正統派スポット――石州瓦㉛、来待ストーン、温泉津焼、出西窯、石見焼、鳴き砂（仁摩海岸）

◆探究ゆったりスポット――立久恵峡、隠岐黒曜石、花仙山めのう採掘跡、瓦の原料鉱山地層観察、布志名焼、谷城山鉱山（水晶）、浜田霞石

★石見鏝（こて）絵見どころスポット――大森、湯泉津、仁摩

6　神社と古墳――古代と神話のストーリーを歩く

神話関連として神社、お寺、古墳など、歴史と神話の国にどっぷりとつかるスポットです。「あなたも古代の神々と一体化」がキーワード。

◎正統派スポット――出雲大社⑬、熊野大社⑭、佐太神社⑮、美保神社、物部神社⑯、高津柿本神社⑰、太鼓谷稲成神社⑱

◆探究ゆったりスポット――神魂神社⑲、八重垣神社、須我神社、須佐神社⑳、長浜神社、金屋子神社㉑、水若酢神社㉒、由良比女神社㉓、玉若酢命神社、鷲原八幡宮㉘、

★歴史掘り出しスポット――揖夜神社、黄泉比良坂、猪目洞窟、西谷古墳群、長浜神社、韓竈神社㉔、鹿島神社、大念寺古墳、弥栄神社

★歴史的な巡り系――出雲國神仏霊場、島根半島四十二浦廻り

7　お城、庭園、古民家――風土に伴う工夫と未来図

建造物と風土の融合がキーワードです。お城、融合建築、庭園、古民家など、島根独自の気候と文化に対応するためなされた各種の工夫がつくりあげた景観を楽しみます。

◎正統派スポット――松江城㉕、足立美術館㉚（庭園）、月照寺庭園、雪舟庭園㉜（医光寺、万福寺）、松江武家屋敷、津和野武家屋敷、堀庭園㉙

◆ゆったりスポット――堀庭園、康国寺、佳翠園皆美館、浜田城趾㉖、津和野城趾㉗、月山富田城址、斐川町の築地松、出雲ドーム、隠岐家、八雲本陣、平田本陣

★民家系特殊ツアー――斐川豪農屋敷、出雲文化伝承館、小泉八雲旧居、隠岐佐々木家、森鷗外旧居、西周旧居

※ 番号は209頁以降のおすすめスポットに対応

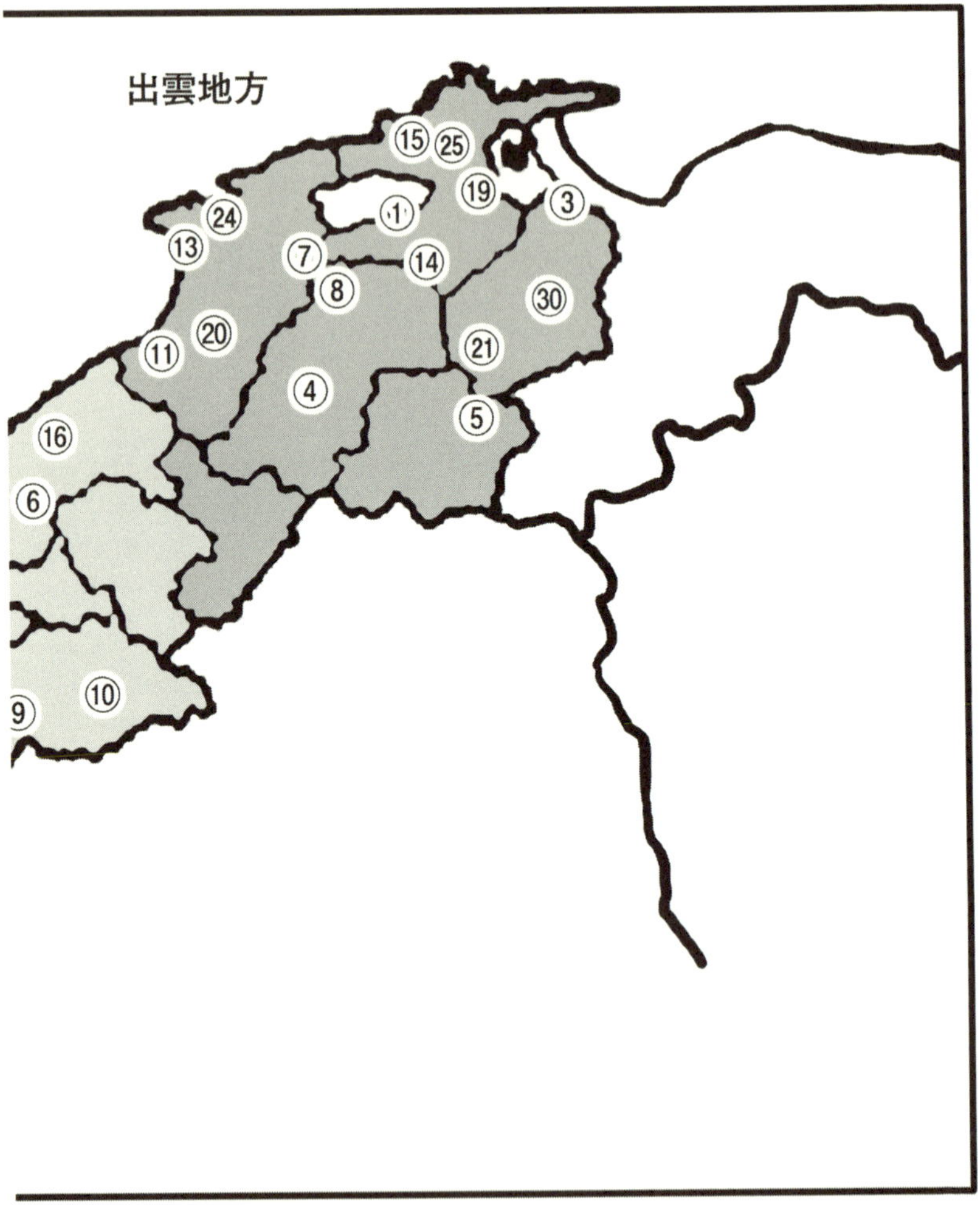

⑰ 高津柿本神社
⑱ 太皷谷稲成神社
⑲ 神魂神社
⑳ 須佐神社
㉑ 金屋子神社
㉒ 水若酢神社
㉓ 由良比女神社
㉔ 韓竈神社
㉕ 松江城
㉖ 浜田城跡
㉗ 津和野城跡
㉘ 鷲原八幡宮
㉙ 堀庭園
㉚ 足立美術館
㉛ 石州瓦、石見焼
㉜ 雪舟庭園

本書が注目する主なスポット

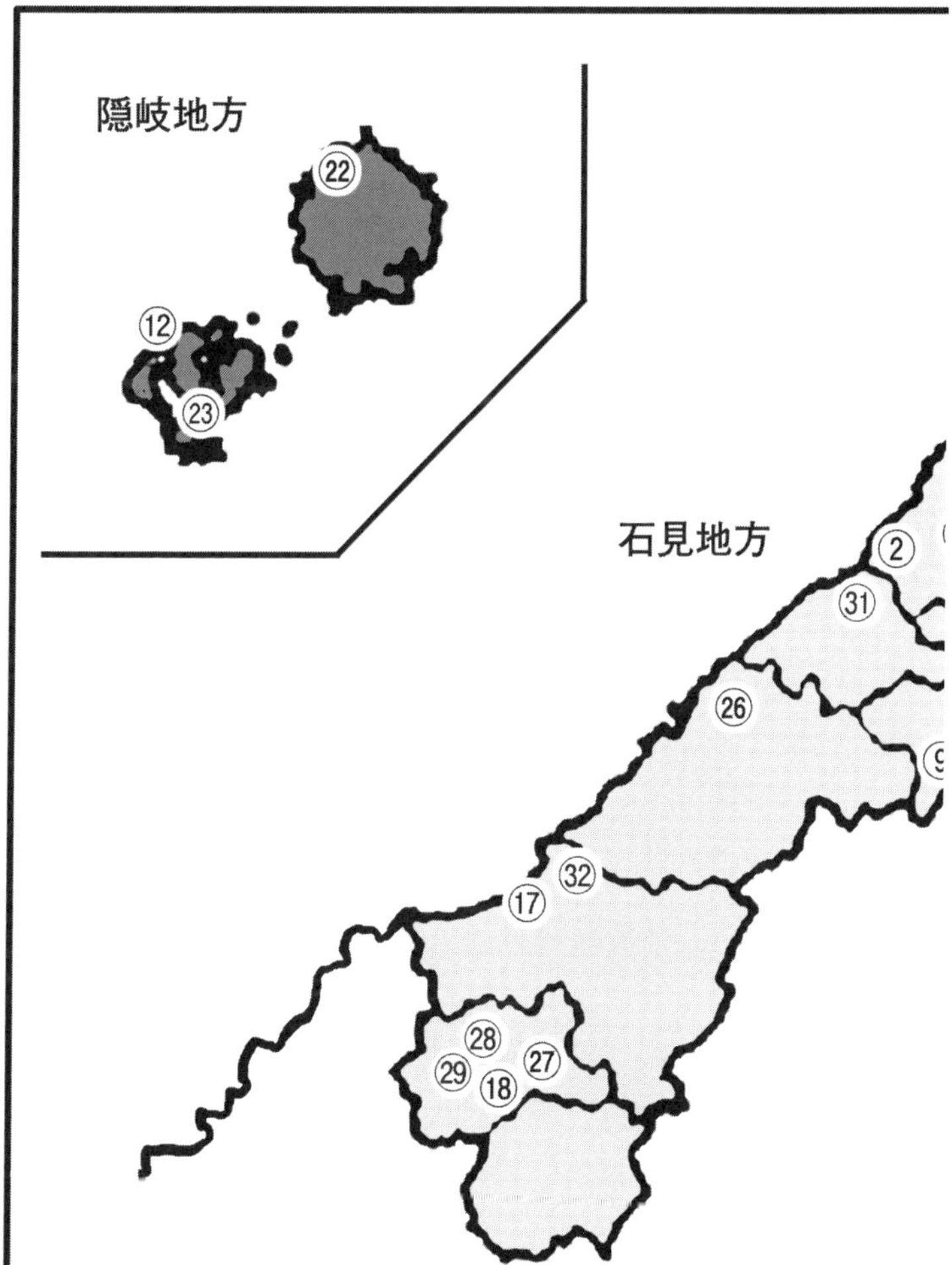

① 玉造温泉、めのう採掘
② 温泉津温泉、温泉津焼き
③ 和鋼博物館
④ 菅谷たたら地区
⑤ 横田たたら地区
⑥ 石見銀山
⑦ 荒神谷遺跡
⑧ 加茂岩倉遺跡
⑨ 奥石見のたたらあと
⑩ 大林、久喜地区の銀山
⑪ 田儀桜井遺跡
⑫ 国賀海岸
⑬ 出雲大社
⑭ 熊野大社
⑮ 佐太神社
⑯ 物部神社

参考図書

参考にさせていただいた主要な図書を挙げ、著者の方々に厚く御礼申し上げます（発行年順）。

加藤義成著『出雲国風土記』今井書店、１９６５年12月
奈良本辰也著『隠岐　人と歴史』淡交社、１９６７年６月
黒岩俊郎著『たたら　日本古来の製鉄技術』玉川選書、１９７６年11月
田中通著『芋代官』柏村出版、１９７８年２月
山内登貴夫著『和鋼風土記　出雲のたたら師』玉川選書、１９８７年８月
島根県斐川町著『荒神谷遺跡の謎ブックレット③　銅剣３５８本はどこで作られたのか』島根県斐川町、１９９１年12月
中沼郁、斉藤公子著『もう一つの明治維新―中沼了三と隠岐騒動―』創風社　１９９１年12月
津和野町教育委員会編『鴎外津和野への回想』津和野町郷土館、１９９３年７月
谷川健一著『青銅の神の足跡』小学館、１９９５年４月
和久利康一著『古代出雲と神楽』新泉社　１９９６年７月
藤田洋三著『消えゆく左官職人の技　鏝絵』小学館、１９９６年12月
谷川健一著『日本の地名』岩波新書、１９９７年４月
真弓忠常著『古代の鉄と神々　改訂新版』学生社、１９９７年10月
谷川健一著『出雲の神々』平凡社、１９９７年11月
谷川健一編『金属と地名』三一書房、１９９８年５月

荻原千鶴著『出雲国風土記　全訳注』講談社学術文庫、１９９９年6月
谷川健一著『日本の神々』岩波新書、１９９９年6月
嘉本安夫『古代出雲　出雲神話の元・基を探る』嘉本安夫、２０００年10月
勝部昭著『出雲風土記と古代遺跡（日本史リブレット13）』山川出版社、２００２年5月
加藤貞仁、鐙啓記著『北前船　寄港地と交易の物語』無明舎出版、２００２年10月
窪田蔵郎著『鉄から読む日本の歴史』講談社学術文庫、２００３年3月
池野誠著『小泉八雲と松江時代』沖積舎、２００４年9月
島根県教育員会編『ふるさと読本「いずも神話」』島根県教育庁、２００５年3月
関和彦著『古代出雲への旅　幕末の旅日記から原風景を読む』中公新書、２００５年6月
松本健一著『隠岐島コミューン伝説』辺境社、２００７年1月
山内道雄著『離島発　生き残るための10の戦略』生活人新書、２００７年6月
村上隆著『金・銀・銅の日本史』岩波新書、２００７年7月
湯原公浩編『別冊太陽　石見銀山』平凡社、２００７年11月
藤岡大拙著『今、出雲がおもしろい』ＮＰＯ法人出雲学研究所、２００７年1月
牧尾実著『隠岐共和国ふたたび』論創社、２００８年9月
羽原清雅著『「津和野」を生きる―４００年の歴史と人びと』文藝春秋企画出版部、２００９年2月
島根県立古代出雲歴史博物館編『どすこい―出雲と相撲―』ハーベスト出版、２００９年7月
関裕二著『古代史謎めぐりの旅：出雲・九州・東北・奈良編』ブックマン社、２００９年9月
小寺雅夫著『石州の歴史と遺産―石見銀山領・浜田藩・津和野藩』渓水社、２００９年9月

松尾寿、田中義昭ほか著『島根県の歴史　第2版』山川出版社、２０１０年1月
島根県立古代出雲歴史博物館編『島根の神楽―芸能と祭儀―』日本写真出版、２０１０年2月
藤岡大拙著『神々と歩く出雲神話』ＮＰＯ法人出雲学研究所刊、２０１０年3月
関裕二著『海峡を往還する神々　解き明かされた天皇家のルーツ』ＰＨＰ文庫、２０１０年3月
島根県文学館推進協議会編『人物しまね文学館』山陰中央新報社、２０１０年5月
古代出雲王国研究会著『山陰の古事記謎解き旅ガイド』今井出版、２０１０年9月
豊田有恒著『世界史の中の石見銀山』祥伝社新書、２０１０年6月
松谷明彦著『人口減少時代の大都市経済』東洋経済新報社、２０１０年11月
（社）松江観光協会編『松江特集』（社）松江観光協会、２０１１年2月
川島芙美子、関和彦ほか著『山陰の神々古社を訪ねて』山陰の神々刊行会、２０１１年6月
出雲市編『史跡田儀櫻井家たたら製鉄遺跡　総合ガイドブック　～この一冊で田儀櫻井家が分かる！～』出雲市、２０１１年3月
速水保孝著『出雲―ヘルンの見た神々の国』山陰郷土文化研究所、１９７５年10月
松前健著『出雲神話』講談社現代新書、１９７６年7月
速水保孝著『出雲祭事記』講談社、１９８０年6月
速水保孝著『出雲古代史を行く　原出雲王権は存在した』山陰中央新報社、１９８５年9月
坂本太郎著『菅原道真』吉川弘文館、１９９０年1月
ザ・出雲研究会編『出雲国風土記増補版』イメージフォーラム、２０００年3月
関和彦著『新・古代出雲史』藤原書店、２００１年1月

原武史著『出雲という思想　近代日本の封印された神々』、講談社学術文庫、２００1年10月
錦織愛子著『地酒で乾杯　島根・楽酔の世界を遊ぶ』ワン・ライン、２００5年6月
関和彦著『新・古代出雲史』平凡社、２００7年11月
保高英児著『日本列島に映える古代出雲紀行』明石書店、２００8年２月
長野忠ほか著『奥出雲からの挑戦』文芸春秋企画出版部、２０１２年１月
平野高司著『神話の聖地　出雲』高速道路交流推進財団、２０１２年３月
村井康彦著『出雲と大和』岩波新書、２０１3年1月
三田誠広著『菅原道真　見果てぬ夢』河出書房新社、２０１3年２月
梅原猛著『出雲王朝の隠された秘密』ハート出版、２０１3年6月
久能木紀子著『出雲大社の巨大な注連縄はなぜ逆向きなのか』実業の日本、２０１3年9月
石原美和著『しまね酒楽探訪』今井出版、２０１3年10月
瀧音能之著『出雲大社の謎』朝日新書、２０１4年11月

[著者紹介]

出川 卓（でがわ・たかし）

郷土未来史家。1948年出雲市生まれ、大学卒業（機械工学専攻）後、㈱日立製作所入社。設計技師を経て米国子会社に勤務（デトロイトに在住2年）。その後、約20カ国の海外子会社、顧客などを訪問。定年退職後島根と東京の二重生活。

出川 通（でがわ・とおる）

㈱テクノ・インテグレーション代表取締役。1950年出雲市生まれ、大学卒業（金属材料工学専攻）後、三井造船㈱入社。研究開発者を経てバンクーバーとボストンに滞在。退職後2004年に現在の会社を立ち上げる。島根大学客員教授、日本酒唎酒師、温泉マイスター。東京在住。degawa@techno-ig.com

装丁………山田英春
DTP制作………勝澤節子
編集協力………田中はるか、出川錬

[増補・改訂版]
島根の逆襲

発行日❖2016年10月31日　初版第1刷

著者
出川卓＋出川通

発行者
杉山尚次

発行所
株式会社言視舎
東京都千代田区富士見2-2-2 〒102-0071
電話 03-3234-5997　FAX 03-3234-5957
http://www.s-pn.jp/

印刷・製本
㈱厚徳社

ISBN978-4-86565-064-8 C0336

言視舎刊行の関連書

978-4-905369-80-6

群馬の逆襲
日本一“無名”な群馬県の「幸せ力」

笑う地域活性化本シリーズ1　最近なにかと耳にする「栃木」より、ちょっと前の「佐賀」より、やっぱり「群馬」は印象が薄く、地味？もちろんそんなことはありません。たしかに群馬には無名であるがゆえの「幸せ」が、山ほどあるのです。

四六判並製　定価1400円＋税

木部克彦著

978-4-86565--050-1

［増補・改訂版］
埼玉の逆襲
「フツーでそこそこ」埼玉的幸福論

郷土愛はないかもしれないが、地域への深いこだわりはある！　住んでいる人は意外と知らない歴史・エピソード・うんちくに加え、埼玉県人なら必ず経験したであろう「埼玉あるある」も満載。もう「ダサイタマ」なんて言わせない。

四六判並製　定価1400円＋税

谷村昌平著

978-4-905369-73-8

佐賀の逆襲
かくも誇らしき地元愛

あのヒット曲から10年！　ＳＡＧＡはどこまで逆襲したのか？　九州在住ライターが、住んでいるヒトが意外に知らない歴史・エピソード・うんちくを次々に発掘。佐賀がなければ日本がないことを確信。マニアックな佐賀を徹底探索。

四六判並製　定価1400円＋税

小林由明著

978-4-905369-93-6

福井の逆襲
県民も知らない？「日本一幸福な県」の実力

「ビミョーすぎる県」のその幸福度はハンパない。圧倒的な食と深い歴史。そしてIT産業と伝統産業の底力。福井の潜在パワーを知り尽くす１冊。おそるべき「福井弁」辞典付き……「はよしね」って。

四六判並製　定価1400円＋税

内池久貴著

978-4-86565-021-1

大阪のオバちゃんの逆襲

時におせっかいでかしましいけど、いつも陽気で笑いがあふれている——そんなコミュニケーション術に学べば、日本全体が元気になる。「大阪のオバちゃん」への誤解を解く本。

四六判並製　定価1400円＋税

源祥子著